书香润泽心灵

核心素养背景下幼儿园『书香』特色课程的建构

吴丹 陆瑾 编著

华东师范大学出版社
· 上海 ·

图书在版编目(CIP)数据

书香润泽心灵：核心素养背景下幼儿园"书香"特色课程的建构/吴丹,陆瑾编著. —上海：华东师范大学出版社,2019

ISBN 978 - 7 - 5675 - 9214 - 8

Ⅰ.①书… Ⅱ.①吴…②陆… Ⅲ.①学前教育－课程－教学研究 Ⅳ.①G612

中国版本图书馆 CIP 数据核字(2019)第 130625 号

书香润泽心灵
核心素养背景下幼儿园"书香"特色课程的建构

编　著　吴　丹　陆　瑾
责任编辑　蒋　将
责任校对　李琳琳
装帧设计　冯逸珺

出版发行　华东师范大学出版社
社　　址　上海市中山北路 3663 号　邮编 200062
网　　址　www. ecnupress. com. cn
电　　话　021 - 60821666　行政传真 021 - 62572105
客服电话　021 - 62865537　门市(邮购)电话 021 - 62869887
地　　址　上海市中山北路 3663 号华东师范大学校内先锋路口
网　　店　http://hdsdcbs. tmall. com

印 刷 者　上海华顿书刊印刷有限公司
开　　本　787×1092　16 开
印　　张　12.25
字　　数　238 千字
版　　次　2019 年 12 月第 1 版
印　　次　2021 年 9 月第 2 次
书　　号　ISBN 978 - 7 - 5675 - 9214 - 8
定　　价　49.00 元

出 版 人　王　焰

目 录
Contents

馨香之气满溢四方（代序）

一收到华东师范大学附属幼儿园吴丹园长发送给我的书稿《书香润泽心灵——核心素养背景下幼儿园"书香"特色课程的建构》后就迫不及待阅读起来，犹如心理学上所描述的多通道感知，虽是视觉之盛宴，却仿佛能闻到书卷的馨香之气满溢。

华东师范大学附属幼儿园成立至今已逾花甲之年，"书香"特色课程给这个有着悠久历史的幼儿园增添了青春活力！该园充分发挥得天独厚的人文教育环境之优势，长期以来注重通过家园互动来助推教育型家庭环境和书卷斑斓的社区教育环境之形成，通过"书香"课程研究，最大限度地利用华师大及家长的专业资源，让幼儿从小接触、感受、体验伟大祖国的优秀文化，倡导孝顺、仁义、互助、礼让等，帮助幼儿建立正确的人生观和价值观，这在当今的中国尤其能凸显现实意义。

幼儿园"书香"特色课程研究所具有的现实意义突出表现在对中国传统文化的尊崇。

文化，是一个民族的名片，也代表着一个国家的软实力。让我们先从中国语境中追寻"文化"之语义的形成。

"文化"是中国语言系统中古已有之的词汇。"文"的本义，指各色交错的纹理。《说文解字》称"文，错画也，象交文"均指此义。《尚书·舜典》疏曰"经纬天地曰文"，《礼记·乐记》所谓"礼减而进，以进为文"，更道出美、善、德行之义。"化"，本义为改易、生成、造化，如《礼记·中庸》所曰"可以赞天地之化育"。"化"指事物形态或性质的改变，同时"化"又引申为教行迁善之义。

"文"与"化"并联使用，较早见之于战国末年儒生编辑的《易·贲卦·象传》："（刚柔交错），天文也。文明以止，人文也。观乎天文，以察时变；观乎人文，以化成天下。"西汉以后，"文"与"化"方合成一个整词，如《说苑·指武》里有"文化内辑，武功外悠"之说。在汉语系统中，"文化"的本义就是"以文教化"，它表示对人的性情的陶冶，品德的教养。

在四大文明古国中，只有中国五千年的文化从未断流！要使中华文化之精髓源远流长，就需将文化的基因"嵌入"儿童的大脑，这就当从学前教育做起，因此，每一个中国学前教育工作者都应树立对中国传统文化的自信。

华东师范大学附属幼儿园的"书香"特色课程正是以弘扬中华传统文化作为前提，着重强调中华优秀传统文化的传承与发展，把培养幼儿的核心素养植根于中国传统文化的土壤之中，是将幼儿园课程与中华民族的文化相结合的产物。

"书香"特色课程从幼儿的生活教育出发，以培育幼儿对中华优秀传统文化的亲切感和认同感为重点，以养成其"人文底蕴"为立足点，从"人文积淀"、"人文情怀"、"审美情趣"入手，通过"PLAY"即书香美绘本（Picture books）、启蒙幼学堂（Lesson）、陶冶活动室（Activity room）和智慧博物馆（Yesterday）作为幼儿园"书香"特色课程的四大实施途径进行浸入式教育，坚持数年，所获效果已卓然见效。

我们相信，通过这样的课程创建，更能让中国传统文化渗透到参与课程的每个幼儿心田，通过这样的课程实践，定能让中华文化馨香四溢！

在此，引用陈毅的《幽兰》一诗献给为华东师范大学附属幼儿园的"书香"研究课程殚思竭虑、呕心沥血的吴丹园长及其所率领的全体团队成员。

幽兰

幽兰在山谷，

本自无人识。

只为馨香重，

求者遍山隅。

周念丽

华东师范大学教授

2019 年 5 月 4 日谨识于长春

第一章

"书香"文化：根深才能叶茂

本章通过大量的文献研究，从相关理论和已有的做法入手对世界各国尤其是我国幼儿阶段实施传统文化教育进行分析和比较。在此基础上从新的思考与实践探索两个方面来具体阐述"书香"文化如何在当今我国的幼儿教育中扎根，从而长成枝繁叶茂的参天大树。

第一节 理论支撑和常规做法

一、问题的提出

（一）新时代中华优秀传统文化教育如何应对社会发展

党的十八大报告指出，"时代是思想之母，实践是理论之源"。"只有与历史同步伐、与时代共命运的人，才能赢得光明的未来"。崛起中的中国，经济的飞速发展为世人瞩目，而文化和经济的共同强大才能让中国屹立于世界民族之林。超越别人不是学别人做别人，而是做自己。中华优秀传统文化如何在风云变化的国际局势中、瞬息万变的经济形势下、颠覆传统的创新行业、快捷方便的网络时代焕发活力？在新时代背景下应对社会发展，健全人格、促进人的全面发展，这些都向中华优秀传统文化教育提出了新的挑战。

（二）中华优秀传统文化教育如何在幼儿园落地生根

文运同国运相牵，文脉同国脉相连。在《3—6岁儿童学习与发展指南》（以下简称《指南》）中，"社会性发展"领域提出了"归属感"的目标，其中就包括文化上的归属。文化归属是基本、深入、持久的精神力量，中华优秀传统文化教育如何在幼儿园中落地生根呢？如若简单地把传统文化教育看作是灌输传统文化知识、死记硬背古诗词、让孩子们着古装吟诵古诗、表演节目等，就会很容易陷入只重视表而忽视里的误区，从而对民族精神、文化特色的内涵把握不深，更为重要的是忽视幼儿身心发展的规律。因而，我们需要更进一步思考：在发扬和弘扬中华优秀传统文化的过程中，赋予其新的时代表达形式；我们还要基于幼儿的年龄特点，以幼儿喜闻乐见的形式进行，从他们身边可接触的人、事、物开始，让其充分感受中华优秀传统文化，并对此产生兴趣，让中华传统文化在幼儿心中"萌芽"。中华优秀传统文化传承下来的物质和精神遗产慢慢内化在每个孩子的心中，中华传统文化才会"生根"。

二、幼儿园传统文化课程的文献研究

传统文化是指在"长期的历史发展过程中形成和发展起来的,保留在每一个民族中间具有稳定形态的文化"(田广林,1999)。传统文化可以说是在特定地域里,在历史发展的过程中文明发展的产物。所以,世界上不同国家、不同地域,都拥有着各自独有的民族文化特点。我国的传统文化,是在长期历史发展进程中不断形成、发展而来的,积淀和保留了中华民族独有的民族文化形态,"它包括思想观念、思维方式、道德情操、价值取向、生活方式、礼仪制度、风俗习惯、宗教信仰、文学艺术、教育科技等等",至今仍旧为当今中国人民普遍接受。

(一)传统文化与国家相关政策的文献梳理

2004年,国务院印发的《中共中央国务院关于进一步加强和改进未成年人思想道德建设的若干意见》对民族精神的弘扬和培育提出了明确要求。2005年颁布的《上海市学生民族精神教育指导纲要》,结合上海市城市发展特点分别针对大学、高中、初中、小学学段,将弘扬和培养民族精神作为青少年思想道德教育的重要内容,进一步增强和改进学生的思想政治教育。2006年,中央印发《国家"十一五"时期文化发展规划纲要》,对加强优秀传统文化教育作出了具体部署。党的十七届六中全会提出要建设优秀传统文化传承体系。十八大召开以后,习近平同志在一系列重要讲话中,就中华优秀文化的传承与弘扬多次作出重要指示,为新形势下加强中华优秀传统文化教育指明了方向,提供了强大动力。2014年3月,教育部印发的《完善中华优秀传统文化教育指导纲要》,其中提到"加强中华优秀传统文化教育,是培育和践行社会主义核心价值观,落实立德树人根本任务的重要基础"。

当今全球化经济发展,国际局势风云激荡,全球范围内各种文化相互交融。加强中华优秀传统文化教育,对于引导青少年学生增强文化自信和文化归属,践行社会主义核心价值观有着十分重要的作用。

(二)传统文化与学前教育相关的文献梳理

1. 传统文化与学前教育相关研究

华爱华(2007)在《对我国学前教育改革若干问题的文化观照》一文中借美国学者托宾等发表了著名的"三种文化中的学前教育"的研究成果,先后比较了20年间三个国家三种文化下的学前教育的变革。文章回首了中国课程改革近20年的历程,学习"国外先进的教育理念"、"教育与国际接轨"的步伐始终没有停歇,"走出去"、"请进来"的跨文化学习成为一条探索中国学前教育发展之路。然而,中国学前教育飞速发展的同时,社会的多元文化格局给教育改革带来了前所未有的挑战。不同于欧美的文化背景,本土阶级文化、地区文化的差异都提醒着我们,什么才是适合中国文化的教育变革。文中对如何将中国文化与学前教育相结合提出了自己的见解:"'感受祖国文化'应当是一种潜移默化的'民族之根'的教育,是将中华民族丰富而优秀的文化根植于幼小心灵的教育,因此仅仅通过认识一个国家的标志,或仅仅通过若干个主题活动观光式地浏览祖国的文化是远远不够的。""所谓'民族之根'的教育,指的是对本民族文化独特性的坚守,这种独特性体现为民族身份的认知,而在幼儿教育阶段,我们要把握的则是中华民族身份认知中可展现、可感知的文化内容。具体地说,中华民族传统中的大量优秀的文化遗产不应该在我们的课程中缺位,除了要知道中国书法、戏剧、国画、民风民俗、民族服饰,以及具有民族特色的建筑与器物等,还有许多优秀的传统经典故事,以及各种寓言和神话,都可以作为启迪智慧和陶冶品德的好教材;同时我国传统民间游戏、娱乐方式和民族节日都应该是幼儿园活动的常项内容。

徐雁(2015)在《论幼儿园课程改革的文化处境》中指出幼儿园课程的文化重构可以从以下几方面去尝试:"首先,应该从教育观念上实现文化转型。……其次,应该关注幼儿园课程理论本身特有的文化要素。……再次,要突破中国文化中固有的原始性、封建性、封闭性和保守性,以及缺乏现代性的主题意识、民主意识、法治观念、科技意识和陈旧的道德观念等。"

朱家雄(2015)在《中国的学前教育理应传承与弘扬中华优秀传统文化——学前教育的文化适宜性问题》中指出,传承与弘扬中华优秀传统文化的教育,应该注重引导儿童学习中国古代思想文化典籍,帮助他们理解中华优秀传统文化的精髓,从而认识到中华优秀传统文化对当今我国深入开展社会主义核心价值观教育的作用与意义。对于学前教育而言,则可从小开始通过启蒙教育初步培养幼儿对本民族文化的热爱之情和认同感,初步培养幼儿与中华优秀传统文化相一致的道德认知与道德品质,为其未来成为讲文明、有爱心、知荣辱、守信用、有理想、有国际视野、敢于担当的现代中国人打下基础。另外,他还在文中犀利地提醒,"如若我们只是一味地关注儿童兴趣、需要,只是一味地关注儿童自身的发展,只是去追求所谓的本真的学前教育,那么我们恰恰忘记了学前教育最为重要的一个价值:对本民族优秀文化的传承。事实上,这样的学前教育也不是完整意义上的科学的"。

2. 对学前教育带来的思考

"文化的缺失是当代中国学前教育学面临的重要问题和危机。"(姜勇,2011)中国五千年的历史文化显示了与其他国家、地区文化的不同特质。不同文化背景下的学前教育,应具有自己国家的文化特质。当前我们所提倡的学前教育理念,强调幼儿主动性、尊重幼儿个性、培养幼儿能力,课程设置围绕社会、健康、科学、艺术、语言等领域来开展,这是科学的、符合幼儿发展客观规律的。而在具体的幼儿教育内容中,融入中国文化元素,探索符合中国本土的特色文化教育,更是责无旁贷。当代教育家陈鹤琴先生在他的"活教育理论"中提出,"活教育"的目的即"做人,做中国人,做现代中国人"。在幼儿期开展中华优秀传统文化教育,其目的正如陈鹤琴先生所表达的:首先培养文明修养,让孩子在幼儿期养成良好的行为习惯,即"做人";其次是文化认同,即对民族文化产生亲切感、形成归属感,让孩子确立"我是中国人"的观念,为培养"现代中国人"奠定基础。

(三)国内外学前阶段传统文化教育的文献研究

1. 国内学前阶段传统文化教育文献研究

(1)传统文化与幼儿园经典诵读

才玉杰(2014)等指出,提供给幼儿诵读的经典,是指经过选择的、符合幼儿年龄特点的,适合幼儿诵读、欣赏的我国传统文化中的典范之作,有机融入幼儿园已有的主题活动之中,以形成幼儿园特色的课程体系。可以组织举办以中国传统文化经典为主要内容的文艺汇演,形式包括朗诵、吟唱、讲故事、背诵比赛、合唱、表演相声小品、做游戏等,以此检验诵读活动的成效。

(2)传统文化与幼儿园民间游戏

李花(2010)《在幼儿教育中融入中国传统文化教育》将传统游戏放在课程安排中。我国的传统玩具游戏能使儿童在潜移默化中获得哲理性、道德性启迪,如拼七巧板、下棋能够训练儿童的智力,猜谜、歌谣等游戏,使儿童在无形中受到知识的洗礼。通过游戏的方式,培养儿童勤劳、勇敢、坚定、吃苦的精神和品德。

(3)传统文化与幼儿园国学课程

石建宇(2012)在《国学幼儿园课程体系构建探讨——让国学真正净化孩子的心灵》一文中提到在架构国学幼儿园的课程体系时,在符合3—6岁幼儿可以接受的前提下,要尽可能地体现出全面性和与时俱进性原则,应以现代幼儿园课程体系为基础,通过与国学中的礼、乐、射、御、书、数等"六艺"内容相融合,构置出礼文双修、国艺、健体及数理等四个课程群,再根据课程群的需要,开发出与之相适应的课程,包括了礼文双修课程群。在经、史、子、集四库全书中,选取幼儿能够接受的,知识性、思想性和教育性较为突出的文章,通过诵读、吟唱与音乐游戏、故事表演、主题游戏等课程,使幼儿理解其中意义,获取其中的知识或道德思想,并予以践行。

(4)传统文化与幼儿园启蒙读物

乔玉琴(2014)在《传统启蒙读物在幼儿园教育中的应用研究》一文中指出幼儿园

教学中对传统启蒙读物的教学运用比较少。在学校中,就表现为传统启蒙文化读物运用比较少。教师对传统启蒙读物的选择具有盲目性,对于读物教材的研究不深入,在教材的选择中存在一定的盲目性和随意性。

(5)传统文化与幼儿园传统节日资源开发

傅静静(2014)在《开发传统节日资源,创设幼儿教育课程》一文中建议:从利用传统节日资源创设主题教育活动,以传统节日文化为内容创设园本课程等方面描述了在开发传统节日资源创设幼儿教育课程中的探索和实践。

2. 国内学前阶段传统文化教育现状对我们的启示

从文献检索后整理的相关现状来看,教育研究者们已经逐步意识到了中国传统文化的重要性,并将其渗透到日常的实践工作中去。在实践中,有了许多的初步尝试,如通过环境创设、经典诵读、民间游戏、国学课程、启蒙读物、传统节日等为抓手,将优秀传统文化课程融入到幼儿园的活动中,这无疑是意识和观念的转变。

但从中我们也发现了实践工作中的弊端,如所选内容比较偏重知识,不太注重精神内涵的把握;选择的内容比较随机,浅层次的研究,缺乏创新;缺乏完整的规划、长远的目标。还有不少幼儿园将"文化教育"单独列为一项课程,游离于幼儿的一日生活之外。

传承传统文化,开展相关的课程的教育使命在于传播我国的优秀传统文化,它能够促进文化传承与发展。针对目前的现状,在幼儿园中渗透传统文化教育,应根据幼儿的年龄特点和具体情况,选择易于幼儿接受的文化内容、传播途径,科学地实施幼儿传统文化教育。建议可以从初步建立幼儿对传统文化的亲切感,了解一些优秀的文化常识,培养幼儿对优秀传统文化的兴趣入手。

3. 国外学前阶段传统文化教育文献研究

以下介绍有关日本、俄罗斯、英国、韩国和美国学前阶段传统文化教育的相关文献研究。

(1)日本相关文献研究

教育作为社会结构的一个子系统,会受到经济、科技、文化等因素的影响。日本作为亚洲最早实现经济腾飞的国家,其综合国力、科学技术水平跻身世界领先地位,教育相当发达。程香晖、吴航(2014)在《保持日本人的品质:日本学前教育的文化选择》中提出,"研究证明日本幼儿园在二十几年里的变化是最少的。其原因之一就是日本幼儿园的价值取向是让日本儿童保持日本人的品质特征。也就是说,日本把学前教育作为文化传承而不是文化改变的一个途径,让儿童在后现代社会的成长中接受传统的价值观。当然,这是指在全球化导致的文化多样性背景下所要坚持的价值观"。

(2)俄罗斯相关文献研究

2006 年,俄罗斯出台了《幼儿园教育与教学大纲》(修订版)。这份新版的大纲对幼儿教育中体育、德育、智育、劳动教育、文学教育、艺术审美教育以及游戏做出了详细的说明和具体的规定。同时,这次修订也充分考虑了学前教育定向和俄罗斯学前教育内容更新的需要,强调了要更人性化地对待儿童,突出民族教育和艺术教育的重要性,操作性比较强。这份新版大纲重视文学、艺术教育,培养浓厚的艺术兴趣;重视传统文化教育和民族教育,突出文化适宜性的原则,重点强调了民族教育的价值和传统。课程中包涵向人类传递人类文化遗产尤其是俄罗斯的文化传统,给儿童提供学习民族艺术作品、民间工艺品的机会,培养儿童的美感。

(3)英国相关文献研究

缪学超(2014)的《英国学前教育课程的文化透视》阐明,英国民族文化传统经过长期的发展演变形成了自己独特的魅力,这个逐渐发展起来的文化传统包含了这样几个重要因素,即宗教情感、人文主义、贵族精神、自由主义、尊崇传统、保守求稳、注重实证、科学精神等。

(4)韩国相关文献研究

张成刚(2013)在《传统是根,世界是终——韩国传统教育与现代教育的结合》中提到韩国的幼儿园教师常常以游戏的方式教育孩子生活中的各种礼仪,培养孩子良好的生活习惯。幼儿园里还专门开辟有礼仪教室。每当传统节日来临,老师和孩子们就一起穿上传统的韩服,学习行礼、奉茶等待人接物的礼仪。带孩子们参观各种民俗馆和博物馆也是幼儿园课程体系中的必修课程。

(5)美国相关文献研究

邵燕南(2003)论《美国幼儿园的节日教育活动》,美国幼儿园的节日活动很频繁,几乎每个月都有。他们把节日作为教育儿童的重要手段和方法,在日常的教学活动中占有很大的比重。这些节日,有些是美国传统的节日,有些是从外国"移植"过来的,有些是为增加学习的趣味性而由教师、专家自创的活动主题,约定俗成。

4. 国外学前阶段传统文化教育对我们的启示

根据文献检索的结果,我们比较后发现,"课程与文化有着天然的联系,一方面文化造就了课程,它作为课程的母体决定了课程的文化品性,并为课程设定了基本的逻辑规则和范畴;另一方面课程凝练、形成了文化,课程是文化发展的重要手段"(郝德永,2002)。各国的文化存在诸多差异。这些差异并不能说孰是孰非、谁优谁劣,不同的国家都采用最适合本国的方式繁衍传递本国的文化。在当今世界,任何国家和民族都不可能摆脱或丢弃自己国家的传统文化,包括学前教育在内的教育课程,都应该与传统文化紧密地联系起来。建立专用活动室、带领孩子在传统节日参观博物馆、结合节日设置课程作为教育儿童的重要手段和方法等做法,都值得我们在本课题研究中借鉴。

（四）幼儿园教材中有关中华优秀传统文化内容的现状调查

1. 解读《幼儿园教育指导纲要（试行）》中的中华优秀传统文化内容

本研究的文献综述实践调查选取教育部颁布的《幼儿园教育指导纲要（试行）》（以下简称《纲要》）和上海市教委颁布的《上海市学前教育纲要》（以下简称"1999 上海版"）中的内容，分别从"总则"、"目标、内容与要求"等方面进行分析，对上述两个文件中关于中华传统文化的要求进行解读。

我们发现，《纲要》作为全国幼儿园工作的指导文件，其涉及幼儿园教育的方方面面，从理念和思想等上位思考确保了幼儿的全面发展。《纲要》强调了要符合法律规定，符合社会发展需要，尊重幼儿身心发展的规律和学习特点，以游戏为基本活动，从儿童的兴趣出发。这些原则正是我们在设计幼儿园"书香"特色课程时首要考虑的。虽然《纲要》中与中华传统文化内容相关的直接文字表述较少，但从深层内涵来看，我们还是找到了隐含着中华传统文化的一些目标、内容与要求。首先是相关目标与中华传统文化内容并不矛盾；其次，内容与要求的表述，在深层也蕴含了中华传统文化的精神，如"帮助他们正确认识自己和他人，养成对他人、社会亲近、合作的态度，学习初步的人际交往技能"，"接触优秀的儿童文学作品"，"引导幼儿接触周围环境和生活中美好的人、事、物，丰富他们的感性经验和审美情趣，激发他们表现美、创造美的情趣"……社会、文字、音乐、戏剧、绘画等领域，无不体现了中华优秀传统文化的内涵。具体如下：

（1）总则中关于传统文化教育的摘录与分析

一、为贯彻《中华人民共和国教育法》《幼儿园管理条例》和《幼儿园工作规程（试行）》，指导幼儿园深入实施素质教育，特制定本纲要。

二、幼儿园教育是基础教育的重要组成部分，是我国学校教育和终身教育的奠基阶段。城乡各类幼儿园都应从实际出发，因地制宜地实施素质教育，为幼儿一生的发展打好基础。

三、幼儿园应与家庭、社区密切合作，与小学相互衔接，综合利用各种教育资源，共同为幼儿的发展创造良好的条件。

四、幼儿园应为幼儿提供健康、丰富的生活和活动环境，满足他们多方面发展的需要，使他们在快乐的童年生活中获得有益于身心发展的经验。

五、幼儿园教育应尊重幼儿的人格和权利，尊重幼儿身心发展的规律和学习特点，以游戏为基本活动，保教并重，关注个别差异，促进每个幼儿富有个性的发展。

——摘自《幼儿园教育指导纲要（试行）》总则

一、依据国家的教育方针、国家制定的《教育法》《幼儿园管理条例》《幼儿园工作规程(试行)》和《幼儿园课程标准》，结合上海城市功能定位、学前教育现状及其发展需要特制定本纲要。

二、本纲要是上海市学前教育机构课程编制、组织实施以及评价的依据。

三、本纲要适用范围是以 2—6 岁儿童为对象的学前教育机构。

四、本纲要应实现的学前教育任务是，建构后继学习及终身发展的基础，培养健康活泼、好奇探究、文明乐群、勇敢自信、有初步责任感的面向二十一世纪的儿童。

五、制定和实施本纲要的指导思想：学前教育机构根据儿童自身发展需要和社会需要，使其获得全面、和谐、充分的发展。儿童的发展是在适宜的环境中，以主动、积极、内涵丰富的活动为基础，教师必须根据儿童的兴趣和发展特点实施教育。

——摘自《上海市学前教育纲要》总则

分析：

对上述两个文件的总则进行分析发现，并没有直接涉及中华传统文化内容的要求，但在总则中都强调了：要符合法律规定，符合社会发展需要，尊重幼儿身心发展的规律和学习特点，以游戏为基本活动，从儿童的兴趣出发。幼儿园课程内容应从幼儿园的实际出发，为幼儿提供健康、丰富的生活和活动环境，满足他们多方面发展的需要，使他们在快乐的童年生活中获得有益于身心发展的经验等等。中华传统文化内容与相关原则并不矛盾。

（2）关于中华传统文化教育目标、内容与要求的摘录与分析

表 1-1 《纲要》中关于中华传统文化教育目标、内容与要求的摘录

目标	内容与要求
语言： ➢ 乐意与人交谈，讲话礼貌； ➢ 喜欢听故事、看图书。	✓ 创造一个自由、宽松的语言交往环境，支持、鼓励、吸引幼儿与教师、同伴或其他人交谈，体验语言交流的乐趣，学习使用适当的、礼貌的语言交往。 ✓ 引导幼儿接触优秀的儿童文学作品，使之感受语言的丰富和优美，并通过多种活动帮助幼儿加深对作品的体验和理解。 ✓ 提供普通话的语言环境，帮助幼儿熟悉、听懂并学说普通话。少数民族地区还应帮助幼儿学习本民族语言。
社会： ➢ 乐意与人交往，学习互助、合作和分享，有同情心； ➢ 爱父母长辈、老师和同伴，爱集体、爱家乡、爱祖国。	✓ 引导幼儿参加各种集体活动，体验与教师、同伴等共同生活的乐趣，帮助他们正确认识自己和他人，养成对他人、社会亲近、合作的态度，学习初步的人际交往技能。 ✓ 充分利用社会资源，引导幼儿实际感受祖国文化的丰富与优秀，感受家乡的变化和发展，激发幼儿爱家乡、爱祖国的情感。 ✓ 适当向幼儿介绍我国各民族和世界其他国家、民族的文化，使其感知人类文化的多样性和差异性，培养理解、尊重、平等的态度。
艺术： ➢ 能初步感受并喜爱环境、生活和艺术中的美	✓ 引导幼儿接触周围环境和生活中美好的人、事、物，丰富他们的感性经验和审美情趣，激发他们表现美、创造美的情趣。

目标	内容与要求
共同生活	✓ 对与自己生活密切相关的人产生认同感、亲切感，能觉察并尊重他人的情绪和需要。
	✓ 愿意与人交流，待人文明大方，有礼貌。
	✓ 了解不同地域、不同种族的人以及他们的风俗和文化。
	✓ 在参观、游览、远足等活动中，了解周围自然、文化景观和设施，萌发爱家乡、爱祖国的情感。
探索世界	✓ 接触衣、食、住、行等基本物品，懂得珍惜和学会合理利用。
	✓ 在参观、游览、远足等活动中，了解周围自然、文化景观和设施，萌发爱家乡、爱祖国的情感。
	✓ 初步了解人类取得的科学成果，尝试用简单的科学方法探究问题，喜欢动手操作与实验。
表达与表现	✓ 留意和感受生活中的声、形、色及音乐、舞蹈、美术作品中的美。
	✓ 在唱歌、舞蹈、演奏、绘画、制作、构造、戏剧表演、角色游戏等活动中，自然地表达自己的情感。

分析：

梳理两个文件的目标、内容与要求可发现，直接表述传统文化的内容较少，但却在深层次上蕴含了中华优秀传统文化精神方面的要求，如关爱周围、亲近社会、爱家乡、爱国，了解当地的风俗等内容；也隐含了中华传统文化物质方面的要求：对文字、音乐、戏剧、绘画作品的认同等。这些无不渗透着中华优秀传统文化的内涵。

2. 幼儿园教材中有关中华优秀传统文化内容的现状

（1）研究教材的选择

本研究的文献综述调查基于上海现阶段所使用的教材，为 2009 年上海教育出版社出版的《幼儿园教师用书》。这一教材包括教师用的教学指导用书《2—3 岁婴幼儿教养活动》，以及 3—6 岁小中大班三个年龄段幼儿使用的《生活活动》、《游戏活动》、《运动》和《学习活动》共 8 本。编写组把教材分为"教材性教参"和"教参性教材"两大类。《游戏活动》、《生活活动》和《运动》是"教材性教参"，主要制定教师开展相关活动的原则、策略和方法，中华传统文化未提及，故不在内容的梳理之中。作为"教参性教材"的《学习活动》，以主题式结构为主，分别从科学、社会、语言、艺术等领域开展实施。下文对教材的分析主要以《学习活动》为主要对象。

（2）沪教版幼儿园教材中传统文化教育内容的梳理

确定研究教材样本后，我们分别从"主题背景下中华优秀传统文化内容的分布"、"教材中不同类型中华优秀传统文化内容的分布"、"中华优秀传统文化在各个年龄段重复建构的比例"等三个方面对该教材中的传统文化教育内容进行梳理与分析。

① 主题背景下中华优秀传统文化内容的分布。以5—6岁大班《学习活动》为例,参考活动与指导共计161个,活动实例122个。其中,与中华传统文化的学习相关的参考活动与指导共32个,占总参考活动的19.9%,活动实例6个,占总实例的4.9%。(见表1-3)

表1-3　主题背景下中华优秀传统文化内容的分布(大班)

年龄	一级主题	二级主题	"参考活动与指导"中与传统文化相关内容	"活动实例"中与传统文化相关内容
5—6岁大班	我是中国人	欢腾的国庆节	锣鼓谱	各族人民心连心
		旅行去	民族音乐大联赛、献上最美的哈达、瑶族舞曲	参观中国展览馆
		多彩的民间活动	春节歌谣、剪窗花、大阿福拜年、泥娃娃分家家、元宵灯会、舞龙、学烧中国菜、中秋赏月、端午节	金山农民画、老鼠娶新娘、泥娃娃拜年、十二生肖、印章
		了不起的中国人	盘古开天辟地、齐白石画虾	京剧脸谱、中国功夫
	有趣的水	会变的水	曹冲称象	无
	我自己	和影子捉迷藏	影子戏、影子的谜语	无
	有用的植物	能保健治病的食物	中草药、八宝茶、保健茶展览会、多用的橘皮	保健茶、多用的橘皮
	我们的城市	老房子新建筑	老房子新建筑	无
		路边新事	无	上海说唱
	动物大世界	我和动物是朋友	会吐丝的蚕	会吐丝的蚕

以4—5岁中班《学习活动》为例,参考活动与指导共计74个,活动实例78个。与中华传统文化的学习相关的参考活动与指导共4个,占总参考活动的5.4%;活动实例共4个,占总实例的5.1%。(见表1-4)

表1-4　主题背景下中华优秀传统文化内容的分布(中班)

年龄	一级主题	"参考活动与指导"中与传统文化相关内容	"活动实例"中与传统文化相关内容
4—5岁中班	在秋天里	中秋时节	无
	寒冷的冬天	过新年	吃火锅、春节的甜甜话、龙舞
	玩具总动员	无	招待小客人
	常见的用具	穿针引线、筷子展览会	无

以3—4岁小班《学习活动》为例,参考活动与指导共计53个,活动实例60个。与中华传统文化的学习相关的参考活动与指导共3个,占总参考活动的5.6%;活动实例

共 4 个,占总实例的 6.7%。(见表 1-5)

表 1-5　主题背景下中华优秀传统文化内容的分布(小班)

年龄	一级主题	"参考活动与指导"中与传统文化相关内容	"活动实例"中与传统文化相关内容
3—4 岁小班	娃娃家	无	烧菜
	不怕冷	无	吃火锅
	过年啦	看彩灯、大家来过年、敲锣打鼓	敲敲打打放鞭炮、做元宵

② 教材中不同类型传统文化内容的分布。借鉴田广林所编的《中国传统文化概论》中关于中华传统文化元素的分类,我们将教材中关于中华优秀传统文化的内容大致分成"中国文化的基本精神"、"中国古代文学"(民间传说、民间故事、民间童谣)、"中国传统艺术"(书法、绘画、音乐、舞蹈、雕塑)、"中国传统民俗文化"(衣饰、饮食、传统节日)、"中国传统科学技术"(科学成就、技术成就),从这五个方面对《学习活动》内容进行分类梳理。

"中国文化的基本精神":在长期的发展过程中,一些思想观念或固有传统,长期受到人们崇敬,影响着人们的生活和行动,成为历史发展的思想源泉,这就是"中国文化的基本精神"。如互相帮助、团结协作、诚信、坚持不懈等精神,在《学习活动》中有《司马光砸缸》、《猴子捞月》、《狼来了》等故事内容,但占比非常少。

"中国古代文学":包括民间传说(《盘古开天辟地》、《曹冲称象》)、民间故事(《十二生肖》、《老鼠娶新娘》)和民间童谣(《月亮船》、《春节歌谣》),占整个《学习活动》中中华传统文化内容的 15.2%。

"中国传统艺术":包括书法、绘画、音乐、舞蹈、雕塑等,是中华民族的宝贵精神财富,代表着五千年文明文化古国的深厚文化底蕴。《学习活动》中有与绘画相关的《金山农民画》、《齐白石画虾》等;与传统音乐相关的《敲锣打鼓》、《民族音乐大联赛》等内容;与传统舞蹈相关的有《献上美丽的哈达》、《瑶族舞曲》等;与雕塑相关的印章等,还有如影子戏、上海说唱等其他类型的艺术形式。这类内容占整个《学习活动》中中华传统文化内容的 32.6%。

"中国传统民俗文化":中国的民俗文化底蕴深厚,影响深远,内容极为丰富,衣饰、饮食、节庆等民俗文化是最有代表性、最能体现中国传统文化的表象特征。教材中有《元宵灯会》、《中秋赏月》、《学烧中国菜》、《吃火锅》等。中国传统民俗文化方面内容占整个《学习活动》中中华传统文化内容的 37.0%。

"中国传统科学技术":指中国古代各项科技成果,包括科学成就和技术成就,比如介绍中草药、八宝茶、保健茶展览会等。这类内容占整个《学习活动》中中华传统文化内容的 15.2%。

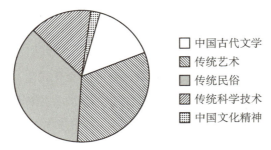

中国古代文学

传统艺术

传统民俗

传统科学技术

中国文化精神

图1-1　教材中不同类型中华优秀传统文化内容的分布

③ 中华优秀传统文化在各个年龄段重复建构比例的梳理

比较中华优秀传统文化内容在各年龄阶段的构建比例,有助于了解中华优秀传统文化在教材中的构建是否合理,是否能逐步提升课程意义和价值。本研究主要从比较组织方法、内容递进等角度,分析同一年龄阶段中中华传统文化内容出现、前后呼应的频次,以及同一类型中中华传统文化在不同年龄段涉及或逐渐深入的方面来进行的。

在小中大班三个年龄段的《学习活动》教材中,我们发现与传统文化内容相关的活动在同一主题中以不同形式反复构建,主要出现在大班主题"我是中国人"中;另外,在一些节日里也出现了围绕一个主题开展不同形式的活动,如小班"过年啦"主题中出现看彩灯、做元宵、敲锣打鼓(音乐)、放鞭炮(社会)等形式;也有在不同年龄同一内容出现反复构建,如中班活动"龙舞"和大班活动"舞龙",在中班欣赏的基础上,大班进一步拓展学习此内容。但总体来说,这样跨年龄段的中华传统文化内容的反复构建、逐步提升内容深度的活动很少。

(3)沪教版幼儿园教材中中华优秀传统文化内容的现状分析

① 主题背景下中华传统文化内容的分布不合理:上海现所使用的教材以主题活动为单位,主题围绕幼儿的生活经验及年龄特点,其中也涉及中华传统文化相关内容,如绘画、工艺、音乐、舞蹈等。丰富多彩的艺术形式丰富了幼儿的生活经验,为了解自己的国家奠定了一定基础。不过以主题背景出现的中华传统文化内容有时分布得非常松散,主题与主题之间没有关联;有时又很集中,如"我是中国人"主题,内容非常丰富多样,但开展时间有限,自然深入程度也非常有限。

② 教材中不同类型传统文化的内容的分布不均:在对现有教材进行分析后,我们发现,"中国传统艺术"、"中国传统民俗文化"的占比相对偏大,而"中国文化的基本精神"、"中国古代文学"、"中国传统科学技术"的内容相对涉及较少。

③ 传统文化在各个年龄段重复建构不系统:在制定课程时,组织编排螺旋式上升、内容的层层递进有助于认识的不断深入,有利于幼儿的理解与内化。但现有教材中关于中华传统文化内容的编排并没有体现这一点。内容的组织应从简到繁、结构由低到高,不同年龄段同一类型文化应多次涉及、逐渐深入,或同一年龄段不同类型文化应丰富呈现等,而这些基本上都没有在教材中得到体现。

（五）传承传统文化课程对幼儿园"书香"课程的启示

无论是哪一个国家或地区，都有着本国或地区的文化积淀；"文化"是国家发展的精神支柱。通过上述的检索整理，我们发现，各国的教育界也都针对本国的文化背景，采用最适合的方式繁衍传递着本国的文化。近几年，中华优秀传统文化的传承在全国如火如荼地开展，这正是我们进行此研究的最好契机。

1. 选择符合社会发展、幼儿理解的中华优秀传统文化内容

在学前阶段，哪些中华优秀传统文化内容才是最合适的呢？"传统文化"实质上是"历史进程中曾经存在并一直沿袭至今的优秀物质或精神遗存"。学前阶段在选择中华优秀传统文化内容时，应当明确此选取标准。幼儿对文化的最初感知是从身边观察接触到的人、事、物开始的，故幼儿园在选择内容时可以从身边开始寻找，如那些至今仍"活"在人们日常生活中的物品，仍旧保留下来的行为、习惯、习俗等都可以列入课程范畴，避免一味模仿旧学私塾，让幼儿机械背诵《三字经》等。符合社会发展的、幼儿理解的，才是学前阶段适合的中华传统文化内容。

2. 创新传承中华优秀传统文化的教育方法、途径

中华优秀传统文化的传承传播靠家庭的言传身教，靠社会交往活动，靠日常的接触……因此我们开展传统优秀文化教育，不能仅限于在幼儿园内开展，家庭、社区、社会等各种资源都可以成为孩子们最好的"课程"。按照这样的设想，在幼儿园开展民间游戏、民间艺术展览、传统节日庆典、文明礼仪教育宣传、传统经典故事阅读、家园互动、亲子活动、社区资源的利用等都可以作为有效的教育方法和途径。我们要为幼儿提供接触优秀传统文化的各种机会，使他们耳濡目染，萌发深入探究的兴趣，开启中华优秀文化的探索之门。

3. 构建全方位渗透中华优秀传统文化教育的人文环境

幼儿最初是通过自身与环境的互动来实现对周边事物的认知和感受的。无论是物质环境还是精神环境，都可向孩子传递信息。环境凸显"人文积淀"、"人文情怀"、"审美情趣"，更能显示深层次的文化品味。因而在幼儿园中构建中华传统文化环境，不再只是创设没有生命力的物质环境，而是全方位整体构建，既有贴近当地文化内容的、最具经典的室内外环境布置，又有能启发幼儿积极思考、主动探索、勇于尝试的互动手段，还有积极和谐、传承创新的文化精神的感染。总之，利用环境的隐性教育功能实施中华传统文化的启蒙和渗透教育，对以幼儿感受、体验、动手动脑为主，促进幼儿全面和谐地发展，推动中华文化的传承，都具有重要的意义。

第二节 新的思考与探索实践

一、幼儿园"书香"特色课程形成背景、研究意义及概念界定

（一）幼儿园"书香"特色课程的形成背景

1. 时代背景

党的十七届六中全会提出要建设优秀传统文化传承体系，十八大对这一问题进一步做出了战略部署，强调要完善中华优秀传统文化教育。十八大以来，习近平同志在一系列重要讲话中，就中华优秀文化的传承与弘扬多次作出重要指示，为新形势下加强中华优秀传统文化教育指明了方向，提供了强大动力。2006 年，中央印发《国家"十一五"时期文化发展规划纲要》，对加强优秀传统文化教育作出了具体部署。2014 年，为贯彻落实党的十八届三中全会关于完善中华优秀传统文化教育的精神，落实立德树人根本任务，进一步加强新形势下中华优秀传统文化教育，教育部印发《完善中华优秀传统文化教育指导纲要》。

2. 园所背景

我园坐落于书香气息浓郁的华东师大校内，建园 66 年来，拥有得天独厚的人文教育环境、注重教育养成的家庭环境和书卷斑斓的社区教育环境。我们将通过此项研究，最大限度挖掘、借助华师大及家长的专业资源，让幼儿从小接触、感受、体验伟大祖国的优秀文化，倡导孝顺、仁义、互助、礼让等，帮助幼儿建立正确的人生观和价值观。

3. 课题基础

2015 年 1 月我园的普陀区区级一般课题《幼儿园文明礼仪教育的实践研究》结题，该研究通过幼儿在园一日生活的各个环节，提炼出幼儿园文明礼仪教育的目标和内容，并通过制度引导、环境熏陶、活动渗透、榜样示范、家园共育等渠道探索出了幼儿园文明礼仪教育的途径与方法，促进了幼儿文明礼仪行为的养成和家长观念的转变。这一课题荣获上海市普陀区第十二届教育科学研究成果三等奖，其研究成果荣获 2015 年度普陀区"学前健康教育"研究成果评选"优秀成果奖"，为本园"书香"特色课程的研

究奠定了继续深入研究的扎实基础。

（二）幼儿园"书香"特色课程的研究意义

1. 在幼儿园阶段搭建中华优秀传统文化教育课程的操作框架

本课题将"书香"作为幼儿园的特色课程来研究尚处初创。因为现在的"书香校园"主要在中小学层面开展，多指校园文化。幼儿园大多只是创设"传统文化环境"、开展"民俗活动"等；有的把"书香"仅定义为阅读，等同于"运动、美术、音乐等"，只是指向了课程的某一领域。本课题则着眼于幼儿的全面和谐发展，丰富和拓展"书香"的含义，并形成比较完整丰满的课程形态，使幼儿园的特色课程形成目标强调"认同"、内容重在"生活"、实施基于"尊重"、组织拓展"多元"，为中华传统文化课程的开发提供参考。

2. 探明中华优秀传统文化在幼儿园教育实践中的问题与经验

本课题从中华优秀传统文化教育的视角探讨园本课程的开发，有助于了解国内学前阶段对中华优秀传统文化课程开发与实施的现状，通过调查、比较国内外传统文化课程开发案例，汲取其中的优势和实践经验，提出相应的改进建议；针对性地分析现有二期课改中关于中华优秀传统文化的内容，完善课程内容的设置；探索性地提出中华传统文化教育在幼儿园中的全面实施。

第一，梳理当前学前教育所使用的教材中传统文化的分布和容量，了解不同幼儿年龄段中华传统文化课程的现状及需求，推进全国幼儿园中华优秀传统文化教育的普及与发展。

第二，立足于社会发展的文化转型，着重强调中华优秀文化的传承与发展，将幼儿园现代课程与之有效结合。

第三，研讨"书香"特色课程实施与实践的可行性，寻找解决问题的对策，帮助幼儿获得有益的学习经验，促进其身心和谐发展。

（三）幼儿园"书香"特色课程的概念界定

1. "书香"的界定

"书香"一词为我国古人创造，原指古人夹在书中芸草的清香，（世代）读书的习尚，现指有读书先辈的人家、读书风气等。当我们说到"书香人家"、"书香门第"的时候，都会认同这是"有文化"的人家。

本课程中的"书香"，蕴含了书香文风、文化审美这一内涵，更多地寄托了对中华优秀传统文化的尊崇。本课题中"书香"是以中华优秀传统文化这个概念为前提的，着重强调中华优秀传统文化的传承与发展，将幼儿园课程与中华民族的文化相结合。把学生的核心素养植根于中国传统文化土壤。以《中国学生发展核心素养》之"人文底蕴"为立足点，分别从"人文积淀"、"人文情怀"、"审美情趣"入手，选取与幼儿的日常生活相关的内容作为课程内容。

➢ "人文积淀"：具有古今中外人文领域基本知识和成果的积累，能理解和掌握人文思想中所蕴含的认识方法和实践方法等。

➢ "人文情怀"：具有以人为本的意识，尊重、维护人的尊严和价值，能关切人的生存、发展和幸福等。

➢ "审美情趣"：具有艺术知识、技能与方法的积累；能理解和尊重文化艺术的多样性，具有发现、感知、欣赏、评价美的意识和基本能力；有健康的审美价值取向；具有艺术表达和创意表现的兴趣和意识，能在生活中拓展和升华美等。[1]

2. "特色"的界定

指事物表现出来的独特的色彩、风格等。[2] "特色"是一个事物或一种事物显著区别于其他事物的风格和形式，是由事物赖以产生和发展的特定的具体环境因素所决定的，是其所属事物独有的。

本课程以幼儿园现有课程为研究基础，但又区别于一般幼儿园课程。它以培育幼儿对中华优秀传统文化的亲切感和认同感为重点，通过传统文化的环境创设和独特的课程形式引导幼儿在实践活动中接触中国传统文化，感受中华文化的经典，走出独树一帜的"特色"之路。

3. "课程"的界定

"课程"是实现幼儿园教育目的的手段，能帮助幼儿获得有益的学习经验，促进其身心和谐发展。

中华传统文化博大精深，不可能通过一项课程研究涵盖所有的中华传统文化内容。因此，我们借鉴了田广林所编的《中国传统文化概论》中的中华传统文化元素，选择与幼儿生活密切相关的，并与当今社会联系较为密切的中华传统文化内容，包含了"中国文化的基本精神"、"中国古代文学"（民间传说、民间故事、民间童谣）、"中国传统艺术"（书法、绘画、音乐、舞蹈、雕塑）、"中国传统民俗文化"（衣饰、饮食、传统节日）、"中国传统科学技术"（科学成就、技术成就）等作为课程参考内容。

4. "幼儿园'书香'特色课程"的界定

本研究中的"幼儿园'书香'特色课程"，遵循幼儿身心发展特点和幼儿教育规律，培育幼儿对中华优秀传统文化的亲切感和认同感，开启中华传统文化启蒙教育。以中国学生发展核心素养中的"人文底蕴"为立足点，分别从"人文积淀、人文情怀、审美情

---

[1] "人文积淀"、"人文情怀"、"审美情趣"概念来源于《中国学生发展核心素养》。
[2] "特色"定义来源辞海。

趣"的角度选取与幼儿日常生活相关的内容,以独特的环境浸润和组织形式,帮助幼儿获得有益的学习经验,促进其身心和谐发展。

二、幼儿园"书香"特色课程的研究目标、内容与方法

(一) 研究目标

幼儿园"书香"特色课程的研究以幼儿园课程为基础,创造性地将中华优秀传统文化教育与幼儿园课程相结合,探索独特的环境浸润和组织形式,开启中华传统文化启蒙教育,促进幼儿对中华优秀传统文化的亲切感和认同感。

(二) 研究内容

1. 幼儿园"传统文化"课程的现状与分析

(1) 传统文化与"书香"特色课程的联系
(2) 传统文化与国家相关政策的文献梳理
(3) 传统文化与学前教育相关的文献梳理
(4) 国内外学前阶段传统文化教育的文献研究
(5) 幼儿园教材中有关中华优秀传统文化内容的现状研究
(6) 传承传统文化对"书香"特色课程的启示

2. 幼儿园"书香"特色课程的体系研究

(1) 幼儿园"书香"特色课程的目标设置
(2) 幼儿园"书香"特色课程的课程结构
(3) 幼儿园"书香"特色课程的内容选择
(4) 幼儿园"书香"特色课程的实施途径
(5) 幼儿园"书香"特色课程的评价方式

3. 幼儿园"书香"特色课程的特色研究

(1) 探索"书香"特色课程开发的原则
(2) 创设"书香"环境

(三) 研究方法

1. 文献研究法

通过文献查阅收集相关资料。了解传统文化课程在幼儿园的实施现状,了解国内

外相关文化课程的做法,为本研究课程提供理论与实践支持。

2. 调查法

研究初期了解家长参与课程的内容和形式,为课程的建设提供基础。研究中、后期,对实践中、后期的课程实施效果进行调查,从幼儿、教师和家长的角度深入了解实施效果及推广性。

3. 德尔菲法

邀请十名学前教育专家、教研员、文化学者,采用背对背的通信方式,进行两轮次征询专家小组成员的预测意见,使专家小组的预测意见趋于集中,最后做出符合未来发展趋势的预测结论。以确定"书香"特色课程的具体框架和内容。

4. 行动研究法

运用行动研究法开展教育活动,着力于"书香"特色课程体系的研究,根据实施情况和效果及时调整和改进,不断总结课程内容选择、家长参与形式、特色活动渗透的经验和方法。

5. 案例分析法

对教师搜集的案例进行归纳分析,总结"书香"特色课程开发的相关原则,构建"书香"特色课程体系。

三、幼儿园"书香"特色课程研究过程

(一)起始阶段(2015.3—2016.6)

1. 成立课题组,确定课题组成员。
2. 运用调查法,围绕课题价值进行调查。
3. 运用文献法,展开文献调查,撰写相关文献综述。
4. 运用现场论证的方法,召开开题论证会,在课题初期确立研究方向。

表 1-6　起始阶段实施安排

日期	阶段任务	具体内容	方法与形式
2015.3	文献综述	课题立项之前进行了文献检索,检索日期为 2004—2014 年。搜集整理了相关文献 23 篇,并撰写完成了《幼儿园"书香"特色课程文献综述》(开题阶段)	文献研究法

日期	阶段任务	具体内容	方法与形式
2015.9	成立课题组,确定课题组成员。	鼓励幼儿园的一线教师和行政管理人员一起参与到课题中。课题组成员28人,学历为:硕士2人(7%),硕士在读6人(22%),本科学历20人(71%)。	自愿报名
2015.9—2015.10	确立研究价值	召开科研专题调查,了解家长和教师对课题研究目标和价值的认识;倾听家委会意见,建立家长参与幼儿园特色课程建构的机制与保障;邀请10名学前教育专家、教研员和文化学者进行两轮次的德尔菲专家访谈,确定"书香"特色课程的具体框架和内容。	调查法 德尔菲法
2015.10	开题论证	进行了开题论证会,现场邀请了专家对"幼儿园'书香'特色课程"进行开题论证。	现场论证
2015.11—2016.6	开题调整	针对开题论证专家提出的建议进行调整和补充	引动研究法

(二)实施阶段(2016.7—2017.10)

1. 运用文献法,补充文献调查,撰写相关文献综述。
2. 运用行动研究法,研究"书香"特色课程体系。
3. 运用案例法,探索"书香"特色课程开发的内容筛选和途径实施。
4. 运用行动研究法,创设"书香"环境。

表1-7　实施阶段实施安排

日期	阶段任务	具体内容	方法与形式
2016.7—2017.1	幼儿园"书香"特色课程现状研究	补充2015—2016年相关的文献,完成了《幼儿园"书香"特色课程文献综述》(中期阶段)	文献研究法
		厘清"书香"特色课程与基础性课程的关系,梳理统计了二期课改的参考教材《学习活动》一书中与本课程相关的数据。	文献研究法
2017.2—2017.4	幼儿园"书香"特色课程的目标研究及编制	将《3—6岁儿童学习与发展指南》中有关幼儿发展目标、发展评价等方面的内容,结合本园幼儿园"书香"特色课程的相关内容进行整合,初步编制出"幼儿园'书香'特色课程"的目标。	经验总结法

日期	阶段任务	具体内容	方法与形式
2017.2—2017.10	"书香"特色课程体系研究	书香美绘本：搜集整理了历史故事、民族风俗、童谣和反映中国传统文化内容的图书、绘本等。	行动研究法案例法
		启蒙幼学堂：1.搜集活动资讯、家长及专家资源，定期在幼儿、教师以及家长中开展"启蒙幼学堂"的活动；2.请来文化学者、教育专家、艺术家为家长和教师做专题讲座，进行中华文化培训，提升孩子身边成人的文化素养和文化启蒙能力。	
		陶冶活动室：利用好幼儿园的已有资源，发挥好专用活动室的作用，搜集相关案例。	
		智慧博物馆：搜集了上海市内所有的博物馆信息，对博物馆中的展示内容、地理位置、馆内接纳规模进行了调查，确定了十家博物馆作为幼儿园的书香特色课程中的"智慧博物馆"资源，根据课程需要定期组织幼儿参观。	
2016.2—2017.10	创设"书香"环境研究	对幼儿园整体环境进行了"书香"设计与改建，课题组老师们共同研讨和商榷了室内外书香环境的创设，对原有专用活动室进行改造。	行动研究法

（三）总结阶段（2017.11—2018.12）

1. 形成幼儿园"书香"特色课程方案及资源库。
2. 撰写结题报告，整理相关成果。
3. 接受课题组的终期评估鉴定。

表 1-8　总结阶段实施安排

日期	阶段任务	具体内容	方法与形式
2017.11—2018.6	形成幼儿园"书香"特色课程方案及资源库	1. 根据中期论证专家提出的建议，对课题研究进行了适当调整，对前期资料进行系统梳理。	行动研究法案例法
		2. 汇总教师们撰写的案例，整理研究成果。	
2018.7—2018.10	撰写结题报告，整理相关成果	对书香特色课程的目标、内容、实施、评价进行整理，梳理案例。撰写结题报告，论证研究结果。	案例法经验总结法
2018.11—2018.12	结题工作	接受课题组的终期评估	

第二章

实施途径："PLAY"的乐趣

　　立足一线幼儿园教学实践，建立"书香"特色课程体系、创新"书香"课程实施路径，获得全园师生的共同发展，是本章的主要内容，也是课题的主要成果。课程体系是一个具有特定功能、特定结构、开放性的知识、能力和经验的组合系统，由目标、结构、内容、实施和评价五个部分组成。

第 一 节　分层建立幼儿园"书香"特色课程的目标

　　课程体系中的目标是教育目标的具体化,幼儿园"书香"特色课程的课程目标是特定幼儿园阶段关于中国传统文化教育目标的课程化表达。为贯彻教育部《幼儿园教育指导纲要(试行)》精神落实和《上海市学前教育纲要》,本研究"幼儿园'书香'特色课程"以幼儿发展为本,遵循幼儿教育规律和幼儿身心发展特点。为贯彻《完善中华优秀传统文化教育指导纲要》(2014)精神,本研究将中华传统文化教育与践行社会主义核心价值观相结合,以培育幼儿对中华传统文化的亲切感、认同感为重点,开启中华传统文化启蒙教育,树立"文化自信",增进对中华民族的"归属感"。幼儿园"书香"特色课程以《中国学生发展核心素养》(2016)中的"人文底蕴"为立足点,分别从"人文积淀"、"人文情怀"、"审美情趣"的角度选取与幼儿的生活相关的内容,以幼儿喜闻乐见的形式,引导幼儿在活动和实践过程中,接触中华传统文化,感受中华文化经典,浸润心灵、陶冶情操、启蒙智慧。

　　幼儿园"书香"特色课程的总目标:以《中国学生发展核心素养》(2016)中"人文底蕴"为课程总体框架指导,结合中华传统文化环境的整体构建,以"PLAY(书香美绘本、陶冶活动室、启蒙幼学堂、智慧博物馆)"为实施途径。认识中华传统文化,体验传统民俗、游戏等活动。倡导中华传统美德,体会周围人的和谐关系。激发学习与了解中华优秀传统文化兴趣,感受传统文化之美,促进幼儿全面和谐发展。

　　总目标之下,分别从社会、健康、语言、科学、艺术五个方面建立子目标,让幼儿园"书香"特色课程的目标更具体,并具有可操作性,如图 2-1 所示。

　　1. 体验传统美德教育,能尊重他人,谦让有理,友好相处;体验重要的传统节日,了解家乡的生活习俗,明白自己是中华民族的一员;初步了解传统礼仪,学会待人接物的基本礼节;激发爱家乡、爱祖国的情感。

　　2. 参与中华传统运动项目和游戏,发展身体平衡性、协调性和灵活性,增强体质,提高运动能力。了解中华传统的健康理念、保持身心健康的生活方式,养成良好的生活态度和日常习惯。

　　3. 欣赏、感受各类传统经典诗歌、故事、绘本,激发阅读兴趣,培养阅读习惯,感受中国语言的优美;使用文明恰当的用语,感受语言表达的乐趣。

4. 亲近古人智慧，理解传统文化中人与自然的密切关系，了解和体验中国人的聪明才智和发明创造，及古人运用智慧不断改善人们生活的相关内容，激发幼儿探索的好奇心与求知欲。

5. 欣赏传统、民族音乐，愿意用歌声、动作、节奏等表达对音乐作品的理解和感受，体验表达表现的乐趣。参与各种传统美术活动，综合运用多种美术工具与材料，感受中国传统工艺之美。

教师再根据每个领域的子目标，结合"中华传统文化的核心价值"、"发展幼儿的核心经验"、"不同年龄段幼儿的特点"等综合考虑，设计每一个活动的目标。

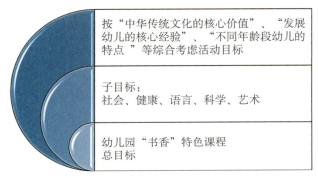

按"中华传统文化的核心价值"、"发展幼儿的核心经验"、"不同年龄段幼儿的特点"等综合考虑活动目标

子目标：
社会、健康、语言、科学、艺术

幼儿园"书香"特色课程
总目标

图 2‐1　幼儿园"书香"特色课程目标设计思路

第二节 全面搭建幼儿园"书香"特色课程的结构

课程体系中的结构是课程中的内部组成,幼儿园"书香"特色课程结构为更好地达成课程目标而进行。在构建幼儿园"书香"特色课程结构时,我们先梳理其与基础性课程之间的关系,再全面搭建"书香"特色课程结构。

一、幼儿园"书香"特色课程与基础性课程之间的关系

通过前期大量的文献调查,我们已经看到上海现使用的教材《学习活动》中关于中华传统文化内容涉及较少、分布不均、内容之间缺少联系、无法形成较系统的知识体系这些问题,这对于中华传统文化的渗透是不足的。需要有一个比较系统的、持续性的课程来补充现有的基础性课程,既要保证幼儿园基础性课程的实施,也要有利于幼儿接触到中华传统文化的内容,两者应比例适当,相互补充。我们以此来开发幼儿园的"书香"特色课程,将其作为选择性课程设置在幼儿园课程中。选择性课程"因园而异"、"因人而异",是尊重幼儿园和幼儿的个性化发展的课程(《上海市学前教育课程指南(试行)》,2009),又与基础性课程相辅相成。根据幼儿园课程设计原则和本课程的研究目标,我们制定了幼儿园"书香"特色课程的框架。

二、搭建"书香"特色课程结构

(一)课程框架设计原则

课程框架的全面性原则。根据相关规定,基础性课程应占总课程的80%,本园的选择性课程即幼儿园"书香"特色课程占课程总比的20%。"书香"特色课程的框架考虑了传统文化内容之间的平衡、幼儿自选活动与教师组织指导活动之间的平衡,集体、个别、亲子等多种活动形式间的平衡,以保证幼儿基本经验的获得,促进幼儿全面和谐地发展。

课程框架的适宜性原则。遵循幼儿的身心发展规律,考虑不同年龄段孩子的特点,小、中、大班活动时间分别为15—20分钟、20—25分钟、25—30分钟。活动安排不拘泥

于形式,充分利用"书香美绘本、陶冶活动室、启蒙幼学堂、智慧博物馆"这四种途径,以日、周、月为单位来进行安排,充分发挥不同活动安排的长处,最大限度提高教育的价值。

课程框架的一贯性原则。之前分析过,上海现使用教材存在着比较明显的分布不均的情况,幼儿园"书香"特色课程"在框架设计上就要弥补这一问题,课程分布要均衡、连贯,课程内容之间要有一定联系,逐步形成一个知识体系。

课程框架的递进性原则。幼儿园的传统文化活动很多是从点到点,但如何由点到面,从面到片,这需要一个系统的构架,同样的内容在不同年龄段的活动形式是不同的,提升幼儿的核心经验是有区别的,挖掘文化价值、理解文化内涵也是应有所侧重。在设计课程框架时,都要紧扣这些要素,循序渐进地进行。

以"清明"为例,幼儿园"书香"特色课程框架设计如下:

清明,是我国重要的节气之一。清明时节雨水较多,气温回升,最适合外出旅游,古人所说的"踏青"也是指这段时光。清明时节阳光充沛,还是春耕春种的大好时光,故有"清明前后,种瓜种豆"、"植树造林,莫过清明"的农谚。这一节气,还是祭奠祖先的传统节日。在课程设计时,老师们从清明节气的核心价值出发,结合幼儿年龄特点和需要发展的核心经验,设计了各年龄段的系列活动。

表 2-1　小、中、大班"清明节活动"示例

提示	小班	中班	大班
体现中华优秀传统文化的核心价值	青团是清明传统节日美食,对于小班的幼儿来说,青团有着独特的味道和制作方法,与中华"食文化"密切相关。	古诗是我国文化的瑰宝,诵读古诗《清明》不但了解了清明节的风俗习惯,感受清明节人们扫墓的心情,同时萌发对诗词韵律的兴趣。	了解清明节的来历,知道清明节的习俗;初步了解家族中人与人之间的关系,怀念先祖、尊重长辈;敬仰怀念革命烈士,珍惜今天的幸福生活。
发展幼儿的核心经验	初步了解清明节气及清明中开展的常规活动,帮助幼儿了解社会文化,建立社会归属感。	初步了解生命的周期,尊重生命、善待生命、热爱生命。	了解清明节的来历及习俗,感受清明节与其他节日在氛围上的不同。
各年龄段的特点分析	小班幼儿具有具体形象思维的特点,和家长、同伴合作,一起制作、品味青团,既能让他们接触到真实的青团,又能让他们感受动手操作乐趣。	中班幼儿能结合情境感受到不同语气、语调所表达的不同意思。能随着作品的展开产生喜悦、担忧等相应的情绪,体会作品所表达的情感。能体会到亲人为自己所付出的辛劳,并有关心、体贴的表现。	大班幼儿观察力和表现力更强了。成人和幼儿一起发现美的事物的特征,感受美和欣赏美是很重要的。教师应该支持幼儿收集喜欢的物品并和他一起欣赏、发现美。

提示	小班	中班	大班
活动目标	1. 初步了解清明节的常规活动，感受春天及中国传统文化活动的美好。 2. 愿意和成人、同伴们一起制作、品味青团。	1. 通过诗词欣赏了解清明节的来历和习俗，乐于参与清明节的活动。 2. 借助绘本感受缅怀离去的家人的情感，知道生命的可贵。	1. 进一步了解清明节的来历及习俗，感受清明节与其它节日在氛围上的不同。 2. 在搜集、制作家谱，与家人踏青等活动中学会尊重关心家人，珍惜今天的幸福生活。
活动方案	✓ 启蒙幼学堂 亲子：踏青野餐（寻找柳花、芍药花、放风筝）、播种、听妈妈讲清明 ✓ 陶冶活动室 泥工：青团、插花	✓ 书香美绘本 《清明节》、《爷爷变成了幽灵》、《奶奶的护身符》、《古诗：清明》 ✓ 陶冶活动室 "漂亮的风筒" ✓ 启蒙幼学堂 幼学堂："校园踏青"、"快乐种植"	✓ 书香美绘本 《奶奶的青团》 ✓ 启蒙幼学堂 亲子："青团我来做" 幼学堂："我的家谱"、"春季写生" ✓ 陶冶活动室 "蹴鞠" 欣赏："清明上河图"

从上表可以清楚看出，虽然同样是"清明"，但三个不同年龄段的侧重点会有所不同。教师从"清明"中提取出的"核心价值"更为深远，摒弃了传统文化中封建迷信的内容，更多地落在了"季节变化"、"感受亲情"、"珍惜生命"等角度，提炼易于幼儿理解、感受的内容，体现了中华优秀传统文化的核心价值。老师们根据幼儿的年龄特点，合理选择课程的难易程度，并通过幼儿乐于接受的制作、绘画、朗诵、亲子活动等来发展其相关的核心经验，让这些经验互相关联，逐步提升内涵，形成循环向上的认知结构体系。

（二）课程结构的全面构建

依据《纲要》，结合幼儿园"书香"特色课程目标，将五大领域目标有机整合，分解到"人文积淀"、"人文情怀"、"审美情趣"三个板块，通过"书香美绘本"、"启蒙幼学堂"、"陶冶活动室"、"智慧博物馆"等途径建构全面、合理的课程结构。同时，将"书香环境"和"资源利用"融汇在课程实施中。

（三）课程安排的配置

合理制定"幼儿园'书香'特色课程"的内容安排表，各班根据安排表，选择"书香"特色课程中的参考内容，为幼儿提供丰富多样的课程内容。

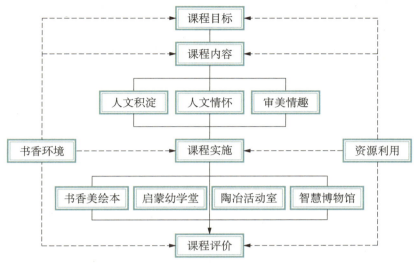

图2-2　幼儿园"书香"特色课程框架图

表2-2　幼儿园"书香"特色活动(除智慧博物馆)一周时间配比

	"书香"特色课程(周/次)	"书香"特色课程时间(分钟/次)
小班	2	15
中班	2	25
大班	2	30

表2-3　幼儿园"书香"特色课程单周安排(单位:次)

	智慧博物馆	书香美绘本	陶冶活动室	启蒙幼学堂
小班	/	1	/	1
中班	/	/	1	1
大班	/	1	1	/

表2-4　幼儿园"书香"特色课程双周安排(单位:次)

	智慧博物馆	书香美绘本	陶冶活动室	启蒙幼学堂
小班	/	1	/	/
中班	/	1	/	1
大班	/	/	1	1

第三节 明确幼儿园"书香"特色课程的内容

　　课程体系的内容是对各年龄学习内容的规划与整合,它是对一般课程内容的突破,是以人的培养、知识的应用、社会的需要为指导的内容建构。

一、内容选择原则

(一)内容价值注重"精神"

　　习近平总书记曾在多次讲话中指出,中华文化承载着中华民族最深沉的精神追求,最核心的内容是精神层面的。他强调,要让这些经典的内容在孩子们的脑中,成为中华民族的文化基因传承下去,培养具有中华精神、中华品格,传承中华文化的中国人。因此,选择幼儿园"书香"特色课程内容的重点要落在思想和精神上,正确的价值判断、积极的思维方式、规范的行为准则都将成为课程内容选择的衡量标准。

(二)内容选择旨在"启蒙"

　　对于幼儿园阶段孩子对中华传统文化的学习,既不能蜻蜓点水,也不能囫囵吞枣,教师要结合幼儿的年龄特点,将幼儿的兴趣与教育目标巧妙联系起来。应对经典故事、诗歌、艺术作品进行广博浏览,并最后筛选浅显又经典的作品设计成活动提供幼儿启蒙学习。

(三)内容呈现紧扣"趣味"

　　由于幼儿年龄特点的限制性,教师在组织中华优秀传统活动一定要具有趣味性,活动组织以直接经验为主。要通过幼儿直接参与的方式,即每一次活动为幼儿提供图示、实物、电子材料,配合诵读、表演、互动、体验等活动形式,逐步将中华传统文化转化为幼儿内在的活动需要,增进幼儿参与各类活动的主动性,使幼儿思维在具体、可操作的活动中不断激活。

（四）内容效用发挥"无形"

徐梓强（2010）指出，传统文化教育的功用是无形的，不是直接带来什么功利的，因此可以称之为"无用之用"，而"无用之用，是为大用"。它不仅能够帮助孩子掌握传统语言文字，更能够形成文化上的认同、情感的皈依，进而把自己从一个自然的生物学意义上的中国人，变成一个自觉的文化意义上的中国人。选择传统文化内容的同时，幼儿还能收获到审美欣赏、精神涵育、文化素养、健康素质、和谐亲子关系等多重价值。

二、内容拓展策略

幼儿园"书香"特色课程以"人文积淀"、"人文情怀"、"审美情趣"为抓手，根据幼儿的年龄特点和核心经验，拓展内容，从不同途径开展丰富多彩的中华传统文化活动。

（一）与主题相融合

幼儿园"书香"特色课程与基础性课程紧密相关，如"绚丽彩扇"就是从中班主题"烈日炎炎的夏天"中延伸而来，围绕"扇"文化，深度拓展其与中华传统文化的关联。中华传统文化的内容非常自然地融入到班级的基础性课程，让幼儿对中华文化有了更多认识。

（二）内容分布均衡

基础性课程中，中华传统文化内容有分布不均的情况。幼儿园"书香"特色课程以主题为单位，从社会、健康、语言、科学、艺术五大领域平衡课程，通过四大途径来实施，内容更为丰富，分布更加均衡。

（三）利用多种资源

在幼儿园"书香"特色课程建构中运用了许多不同的资源，包括学校资源、家长资源、社会资源等。课程资源的开发，遵循"典型性、促进幼儿发展、文化传承"。

第四节 创新幼儿园"书香"特色课程的实施

　　课程体系的实施是以体系内在联结促进关系发展为出发点,对具体课程和整体内容进行的有机整合,并以课程体系目标为具体导向的施行。

　　幼儿园"书香"特色课程创新了实施方式,探索出了"PLAY"即书香美绘本(Picture book)、启蒙幼学堂(Lesson)、陶冶活动室(Activity room)、智慧博物馆(Yesterday)作为该课程实施的有效途径。

一、实施原则

(一) 幼儿园"书香"特色课程实施的组织以直接经验为主

　　通过幼儿直接参与的方式,即为幼儿提供图示、实物、电子材料,配合诵读、表演、互动、体验等形式,增进幼儿的主动参与,使幼儿思维在具体可操作的活动中不断发展。

(二) 幼儿园"书香"特色课程实施注重活动的趣味性

　　在"书香"特色课程的实施过程中,注意观察、了解幼儿,找到幼儿的兴趣点,将幼儿的兴趣与教育目标巧妙联系起来。

(三) 幼儿园"书香"特色课程的活动方式要考虑活动的多样性

　　结合活动途径,分析"书香"活动的不同环节中幼儿的参与方式和活动表现方式,满足幼儿的需要,为每个孩子的发展提供支持和帮助。

(四) 幼儿园"书香"特色课程活动的资源配置要考虑充分

　　幼儿园"书香"特色课程活动的资源配置,要考虑全面性和整体性,时间分配要考虑到灵活性和充沛性,材料、工具提供要考虑到充足性和连续性。

二、实施途径

"PLAY"即书香美绘本（Picture book）、启蒙幼学堂（Lesson）、陶冶活动室（Activity room）、智慧博物馆（Yesterday），是幼儿园"书香"特色课程的四大实施途径。它打破了常规的课程实施方法，拓展了时空领域和学习资源，更能调动幼儿主动学习的积极性。

途径一：书香美绘本

我们收集、购买国内绘本，尤其是中国文化的原创绘本，投放在幼儿园的"书香小屋"图书馆和公共区域中，日常老师可以选取这些绘本进行书香活动，孩子们可以去阅览室阅读绘本、举办各类阅读活动，还能每周去借阅，带回家中和家人一同分享。使用绘本的原则有：

（1）找准切入点，深度挖掘绘本中的中华传统文化教育元素。中华传统文

图 2-3　实施途径———书香美绘本

化博大精深，教师首先要对相关绘本进行深入解读、分析，挖掘其中所蕴含的、适于幼儿理解和接受的中华传统文化价值。比如小班数学活动选择了绘本《不是方的不是圆的》，考虑到该绘本贴近小班幼儿的理解和语言特点，以诙谐幽默的方式，按老鼠一家发现粽子的线索，带领幼儿探索，发现端午节的奥秘及乐趣，使幼儿感受到中国传统节日所蕴涵的特色和意义。中班主题"鼓"中，老师们不仅和幼儿一起欣赏"安塞腰鼓"的鼓庆，感受劳动人民庆祝丰年欢庆的情绪，还通过绘本《一鼓作气》挖掘出了"鼓"在古代军事中的用途，引导幼儿不怕困难，一鼓作气，培养勇往直前的乐观精神和积极态度。我们的原创课中，小班的语言活动"不倒翁"等从内容到形式都很符合 3 岁幼儿的学习兴趣、理解与操作；中班的美术活动"神奇的小石头"、大班的科学活动"曹冲称象"（图 2-4）和"乌鸦喝水"都借助绘本让孩子们理解科学知识、培养科学方法，更重要的是让孩子们感受到了中国古人的智慧，为中国古代科技感到骄傲，同时培养动手动脑、坚持不懈的科学精神。

图 2-4　实施途径———书香美绘本活动
　　　　"曹冲称象"

（2）动静结合，感受中华传统文化的内涵。对于孩子们来说，有时候书中的内

图2-5 实施途径———书香美绘本"欢沁"

容虽然有趣,但不够鲜活,如何让绘本中的内容活起来需要老师动一番脑筋。如中班主题"立夏"中,老师提供了绘本《立夏》,书中有趣的习俗和游戏吸引了孩子们,老师则用最典型的风俗活动"斗蛋游戏"来呈现立夏的快乐,还原了书中的内容,通过游戏让孩子体会、感受中国传统节日(文化)带来的乐趣。原创课中,大班的音乐活动"欢沁"(琵琶)(图2-5)和"金蛇狂舞"拓展了6岁幼儿对中国乐器和中国乐曲的认识,用身体律动的方式表现对乐曲的理解是特别适合孩子们的学习方式;中班的美术活动"神奇的小石头"、大班的科学活动"曹冲称象"、"乌鸦喝水"则主要让幼儿在动手动脑中发展想象力、创造力和观察、比较、分析、推理、验证的科学思维。

(3)以绘本为素材,拓展中华传统文化主题。借助绘本来拓展主题,更有助于激发孩子们热爱祖国的情感。中班主题"龙的传人"中有一本《龙来了》的绘本,幼儿通过前期对绘本的解读,渐渐融入到"中国龙"这个小主题中。在后续的小主题活动"龙的传人"(见图2-6)中,幼儿认识了龙的特征,了解了龙的由来,知道了自己是龙的传人等,让幼儿感受到自己作为"小龙人"的那份自豪。此外,孩

图2-6 实施途径———书香美绘本"龙的传人"

子们还搜集了蕴含中国文化、有着龙元素的物品带到幼儿园来互相分享、交流,比如刻有龙的砚台、画着龙的瓷瓶、龙纹古钱币、龙图案的印泥盒、绣着龙的中式服装、关于龙的玉雕摆件等等,这些也让老师们大开眼界,大家在分享的同时深深感受到了中国传统文化的魅力。

(4)创设空间,体验中华传统文化的乐趣。表演、美术创作都是幼儿喜欢的活动表现形式。表演、展示绘本中的内容,在道具的制作、故事的排练过程中,孩子们能体会到特别的乐趣。《老鼠嫁女》是一个诙谐、幽默的民间故事,大班的孩子们通过表演来体验故事中的情节。老师除了表演以外,还将剪纸、绘本、动画相结合,利用剪刀将立体的形象通过平面的形式表现出来,在欣赏和创作的过程中,孩子们进一步地了解了中国老百姓结婚的一些习俗和喜庆的气氛。

途径二：启蒙幼学堂

"启蒙幼学堂"结合了"亲子"和"幼学堂"两部分的活动。

图2-7　实施途径三——启蒙幼学堂1　　图2-8　实施途径三——启蒙幼学堂2

（1）"亲子"活动深度挖掘家长资源，让家长参与到幼儿园的"书香"课程中，"妈妈讲习俗"、"奶奶教我包汤圆"、"爸爸妈妈小时候的游戏"等活动数不胜数。正是家长们的参与，大大丰富了幼儿园"书香"特色课程的内容，形成了独特的资源库。同时，课程中家长们的投入增加了亲子之间的互动，有效促进了亲子感情。

（2）"幼学堂"请来了文化学者、教育专家、非物质文化的保护专家、艺术家等，为老师和家长进行中华传统文化讲座，如：时任华东师大图书馆长胡晓明先生和教育专家张玲女士的"漫谈中国文化"、非物质文化遗产专家陈勤建老师的"中国民俗民众日常生活知识智慧"、华东师大三位老教授的"师大文化精神"、秦汉胡同创始人王双强先生的"大乘至美的艺术鉴赏与人文精神塑造"等中华文化讲座深深吸引了大家。日常教职工还练书法、听昆曲、学插花，老师和家长的中华文化素养得到逐步提升。在此基础上老师们围绕着主题延伸拓展出系列活动，将中华传统文化精神更好地传达。如在"亲亲老师"的主题中，恰巧一位老师即将去生孩子了，老师们就在这个主题中拓展出了"谢谢您亲爱的老师"，孩子们向曾经教过自己两年的老师道别和祝福。言传身教，让"书香"特色课程不只停留在口头传授，而是更具鲜活的生命力。

图2-9　实施途径三——启蒙幼学堂3　　图2-10　实施途径三——启蒙幼学堂4

途径三：陶冶活动室

从环境布置、材料投放、方案推荐等方面不断改进，使各类专用活动室都嵌入中国元素。当老师带孩子们来活动时，中华传统文化元素就会浸润到孩子的方方面面。具体有：

图 2-11　实施途径二——陶冶活动室 1

（1）梳理课程内容，凸显专用活动室的资源互补性。厘清各个专用活动室的特质，仔细分析了专用活动室的可利用资源，以弥补班级活动室内空间、材料品种数量、资源等多方面的不足，凸显其互补性。

图 2-12　实施途径二——陶冶活动室 2

图 2-13　实施途径二——陶冶活动室 3

（2）动态管理，突出"陶冶活动室"的优化性。以"互动"为原则，优化"陶冶活动室"的环境，添置、配备与课程相关的材料。在教师组织实施课程的过程中，保证充足、多元的课程资源。并通过访谈、反馈等形式，吸纳来自教师和幼儿的需求、感受和建议，不断优化专用活动室的环境和材料的调整。

（3）以活动室方案推荐为载体，提升教师实施幼儿园"书香"特色课程的质量。幼儿园"书香"特色课程是动态形成的，在老师们的实践和探索中不断调整。收集"陶冶活动室"的使用方案推荐给各年龄阶段教师运用实践，并在实践的基础上不断充实、循环往复，优化各活动室的使用方案。

途径四：智慧博物馆

"智慧博物馆"是"书香"课程利用社会资源的有趣尝试。博物馆汇聚了人类文化的精华,到博物馆中的学习具有整合性,有助于老师、家长和孩子了解历史、地理、科技、艺术和民俗文化。将博物馆资源充分开发利用,将创造更多的学习机会。

图2-14　实施途径四——智慧博物馆1

首先,搜集、调取了上海市内所有的博物馆信息,对博物馆中的展示内容、地理位置、馆内接纳规模进行梳理,然后确定了上海博物馆等10家博物馆作为幼儿园的"书香"特色课程基地(详见表2-5),根据课程需要定期组织幼儿参观,让幼儿走出校园,了解更多的中华传统文化。

表2-5　"智慧博物馆"幼儿园"书香"特色课程基地

序号	特色课程基地	序号	特色课程基地
1	上海博物馆	2	中华艺术宫
3	中药博物馆	4	上海工艺美术博物馆
5	上海邮政博物馆	6	上海纺织博物馆
7	上海民乐器博物馆	8	上海美特斯邦威服饰博物馆
9	上海民俗博物馆	10	上海历史博物馆

期间我们组织孩子们去了"上海民俗博物馆"、"纺织博物馆"等。此外,在"长风共同体"的资源共享下,"纺织博物馆"还送展上门,带来了棉花、纺线、织布等,到幼儿园帮助孩子们了解天然纤维和人造纤维等。(见图2-15)

图2-15　实施途径四——智慧博物馆2　　图2-16　实施途径四——智慧博物馆3

外出参观博物馆有时会受到经费、安全、保障等方面的限制。所以,在幼儿园内也组织一些小型的展览、展示活动,将其作为"智慧博物馆"的课程内容之一。这些资源来自于幼儿园中孩子家长的收藏,也可以是一个历史阶段的"回忆"。利用建园 65 周年的契机,我们在园内建设了园史长廊,将幼儿园的历史老照片、大事记、获奖证书、与各国各地文化交流的礼品等布置其间,老师、家长、孩子以及校友可以随时参观,大家穿梭在幼儿园历史的长廊中,感受到了与众不同的文化魅力。(见图 2-16)

三、实施保障

这里的实施保障指建立"幼儿园'书香'特色课程"的四重保障原则和保障课程实施的各项管理制度。

(一)保障原则

重"共享":利用幼儿园网站上案例分享和书面文本同步呈现的方式,确保课程实施前期已有的课程制度、安排及实施情况人人知晓。

重"评价":将幼儿园"书香"特色课程的实施与教师的幼儿园"书香"特色课程评价制度挂钩,促使教师重视课程实施,关注课程开发与拓展。

重"支持":通过多层面的了解互动,给研究与实践及时的支持保障。

重"拓展":除了幼儿园提供的课程方案外,可根据幼儿兴趣与实际需要,自行调节、灵活运用多种方式进行开展。

(二)保障实施

课题负责人整体部署安排,保证实施,同时教师按需自主调配,避免课程冲突。课题组及时公布"书香美绘本"、"陶冶活动室"、"启蒙幼学堂"、"智慧博物馆"方案,分享研究经验与成果,给予教师选择活动的借鉴与参考。

联动机制包括:

日常支持:保证常态支持,幼儿园行政和中层干部在日常巡查中即时解决问题,保障课程顺利开展。

随时申购:教师根据课程内容或幼儿活动的情况,随时向财务部门申购所需添置的物品。也可提前汇总幼儿的需求材料,填写相关申购单,确保课程材料能及时按需添置。

每月例会:课程组每月一次对全园幼儿园"书香"特色课程建设与实施中的相关问题进行研究。了解各组课题开展的情况,及时给予调整与补充。

课题组每学期一次对幼儿园"书香"特色课程的实施情况进行汇总和分析,对课程实施方案进行调整和完善,并进一步补充课程方案的资源库。

第五节 确保幼儿园"书香"特色课程的评价

课程体系的评价是教育评价的具体体现,一般以受教育主体的整体表现、综合能力作为评价的基本指标。

幼儿园"书香"特色课程评价主要以课程实施为对象,从完善、发展课程目标出发,研讨课程评价。幼儿园"书香"特色课程评价主要分成三个部分:课程方案的评价、实施过程的评价和课程效果的评价。

一、课程评价原则

1. 课程方案的评价强调"一致性"

即课程方案依据科学原理和原则,以正确的课程理论指导。课程总目标、年龄特点、课程实施要求相一致。

2. 实施过程的评价关注"两要素"

即学习对象(教学内容)和学习主体(幼儿)。在关注创设活动情景、提供活动材料、引发活动主题的同时,也要关注了解幼儿的兴趣、需要、已有经验和发展水平,是否通过活动让幼儿获得有益的经验。通过对实施过程的评价,我们一方面可以获得课程方案对幼儿的适宜性的信息,另一方面可以了解影响课程效果的因素。

3. 课程效果的评价重视"发展性"

即了解儿童学习后的发展,发展状况与课程目标的符合程度,产生了哪些非预期的结果,教师的变化和提高。在"书香"特色课程中不评价幼儿,而是针对幼儿发展的评价。要承认和尊重幼儿在经验、兴趣、学习特点等方面的个体差异。评价要以发展的眼光看待幼儿,既要了解幼儿现有的水平,更要关注他们的发展潜能。要重视在日常活动中采用观察、记录、交谈、幼儿作品分析,与家长交流等多种方式了解幼儿的发展状况。

二、课程评价内容

课程评价范围主要分为：幼儿发展评价参考"幼儿园'书香'特色课程目标"、教师课程实施评价参考《幼儿园"书香"特色课程评价制度》和幼儿园课程方案评价这三部分。具体内容如下。

1. 关于幼儿发展的评价

根据《3—6岁儿童学习与发展指南》中有关幼儿发展目标、幼儿发展评价等方面内容，结合本园"幼儿园'书香'特色课程"内相关内容，编制出"幼儿园'书香'特色课程目标"并作为幼儿发展评价依据。

幼儿发展评价主要由班级教师进行，教师要结合日常各类"书香"活动，有针对性地积累幼儿个体各方面发展信息，进行案例记录与评价，梳理信息，形成个体幼儿的成长记录。在过程中搜集一些典型案例，便于课题组进行分析讨论。

幼儿发展评价方式：以教师在幼儿园实施幼儿园"书香"特色课程真实情况下的观察记录"案例"、"成长小故事"为主，整合来自幼儿家庭的评价信息。班级教师为主要信息提供者，辅以来自幼儿家长的信息。

2. 关于教师实施课程的评价

教师参与幼儿园"书香"特色课程实施的相关培训，对课程设计与实施情况有了进一步了解。

每月一次，由科研组长有针对性地选择课程实施评价标准中的一方面内容，进行针对性观察评价，并在听取教师的自评的基础上，展开专项研讨。

每学期一次，教师结合本学期在课程实施过程中遇到问题、解决问题或在课程实施中的感悟进行自评，并请课题组进行现场观察后给予评价，以帮助教师提高课程执行能力。

教师课程实施评价方式：采用"看教师相关课程文本、实施现场"的方式进行。教师定期以书面形式交文本和在幼儿园网站上传案例。教师、教研组长、园长为主要信息提供者，辅以来自幼儿家庭的评价信息。

3. 对课程实施方案的评价

建立课程发展小组，形成固定的工作制度，建立来自不同方面的信息采集点（包括：园长、中层干部、教师、家委会代表）。在每月一次的课程管理小组会议上，汇集来自各方面的"案例"，进行讨论和分析，研讨课程实施改进措施。

每学年末根据幼儿的发展评价、教师课程实施评价、家长对相关方面的反馈等，对幼儿园"书香"特色课程实施方案进行梳理和调整，修整课程实施方案，并确保在次年

开学前,全体教师明确课程实施方案的修改与更新。(见附表 2-6 至表 2-8)

表 2-6　幼儿园"书香"活动记录表

活动名称	主题		活动时间	
	活动			
活动目标				
活动途径 (请"√")	书香美绘本		启蒙幼学堂	
	陶冶活动室		智慧博物馆	
活动资源				
活动过程	活动一: 活动二: 活动三:			

表 2-7　幼儿园"书香"活动反馈表

活动名称	主题：			活动时间		
	活动：					
活动目标反馈	目标适宜性(打"√")			年龄特点(打"√")		
		比较适宜	不适宜		比较符合	不符合
	活动一			活动一		
	活动二			活动二		
	活动三			活动三		
	调整：					
活动组织反馈	创设活动情景(打"√")			提供活动材料(打"√")		
		比较适宜	不适宜		比较适宜	不适宜
	活动一			活动一		
	活动二			活动二		
	活动三			活动三		
	幼儿兴趣点(请填写)			教师的支持(请填写)		
	个体幼儿表现(请填写)			引发新的活动主题(请填写)		
活动资源配置反馈	资源配置(打"√")			材料充足(打"√")		
	合理	较合理	不合理	充足	较充足	不充足
	调整：					
活动其他反馈	教师的变化和提高(请填写)			幼儿作品分析,家长交流和反馈(请填写)		
	本次活动的优势与不足(请填写)					

表 2–8　幼儿园"书香"活动评价表

活动方案评价（请打"√"）		课程总目标（请打"√"）			活动方案（请打"√"）	
			比较符合	不符合		有价值	无价值

活动方案评价（请打"√"）	课程总目标（请打"√"）			活动方案（请打"√"）		
		比较符合	不符合		有价值	无价值
	活动一			活动一		
	活动二			活动二		
	活动三			活动三		
	年龄特点（请打"√"）			活动资源（请打"√"）		
		比较符合	不符合		比较合理	不合理
	活动一			活动一		
	活动二			活动二		
	活动三			活动三		
活动实施过程评价（请打"√"）	教学内容	创设活动情景（请打"√"）			提供活动材料（请打"√"）		
			比较适宜	不适宜		比较适宜	不适宜
		活动一			活动一		
		活动二			活动二		
		活动三			活动三		
	学习主体	幼儿已有经验（请填写）			幼儿兴趣点（请填写）		
		是否获得有益的经验（请打"√"）			活动方案适宜性（请打"√"）		
			有	无		比较适宜	不适宜
		活动一			活动一		
		活动二			活动二		
		活动三			活动三		
活动效果评价	引发新的活动主题（请打"√"）			预期的结果（请打"√"）		
		有	无		基本达到	未达到
	活动一			活动一		
	活动二			活动二		
	活动三			活动三		
	幼儿的变化和提高：（请填写）					
	教师的变化和提高：（请填写）					
反馈建议						

第三章

"书香"环境：
浸润的力量

本章主要介绍幼儿园"书香"环境的整体创设思路和做法。《环境创设》(张小媛·2011)一书中提到·环境创设包含：场院环境、廊道环境、班级环境和社会环境。本研究中"书香"特色环境的整体创设不仅注重可见的室内外物质环境·还关注隐含的人文环境·具体有：户外景观与运动场地、室内大厅与走廊、专用活动室与班级、接待室与休息室。通过实践探索·我们在三年中逐步创设了适于幼儿欣赏、理解与学习的具有中国文化韵味的活动场景、运动设施、走廊氛围、专用活动室、班级风貌·更让师生、家长通过感受、体验传统节日和习俗·共同营造具有中国文化韵味的人文环境。

第一节　注重思考的创设原则

大多数幼儿园的环境创设比较关注大厅、走廊、班级等内部空间和细节的实施操作，而忽视整体的统一。我们认为幼儿园环境的创设应该与幼儿园的总体设计相结合，思想先行，制定好创设的原则再具体实施，这样才能相得益彰。全方位、整体创设环境的四个原则如下。

一、环境浸润

华爱华教授提到，"感受祖国文化"应当是一种潜移默化的"民族之根"的教育，是将中华民族丰富而优秀的文化根植于幼小心灵的教育，仅仅通过认识一个国家的标志，或仅仅通过若干个主题活动观光式地浏览祖国的文化是远远不够的。因此，幼儿园环境的创设不只是建个活动室、买些中国绘本、布置一段时间的主题墙，而是全方位、整体构建幼儿园的中华文化环境，室内外交融，让孩子、老师和家长时时刻刻都能感受到中华文化的魅力，以体现环境浸润的作用。

二、内容经典

中华文化源远流长，5000多年的文明造就了许多经典，但传统文化中有精华也有糟粕，不能不加选择地直接就用，而是应该遴选那些贴近当地文化的、最具经典的形象和内容作为环境创设的元素。如前所述，我们借鉴了田广林关于中华传统文化的元素的内涵分析，选择与幼儿生活密切相关的，并与当今社会联系较为密切的中华传统文化内容，包含"中国文化的基本精神、中国古代文学、中国传统艺术、中国传统民俗文化、中国传统科学技术"等作为环境创设的参考内容，让经典走入孩子们心中。

三、幼儿适宜

中华文化博大精深，遴选了经典的内容之后还要看是否适合幼儿的理解与欣赏，有助于幼儿思考和探索。我们需要辨别：中华传统文化中的哪些内容适合幼儿的理解与学习？环境是不是只是用来看看？我们要利用的不仅是环境的隐形教育功能，还需能让幼儿在环境中感受、体验，并能与环境互动。

四、传承创新

文化是在不断发展和变化的，我们看到，世界上许多经济发达的国家，教育也不弱，文化也具有影响力。在全球化导致的文化多样性背景下，各国都采用了最适合本国的方式繁衍传递本国文化，同时也有"移植"和"互鉴"，传承和创新给予了文化更多活力和持久的生命力。在幼儿园的环境创设中，我们不仅有中华传统文化的形象和内容，也有一些国际大都市中文化融合创新的内容，让孩子们成长为对中国文化有深度认同，同时又具有国际视野的人。

第<big>二</big>节 关注整体的具体实施

基于以上原则,课题组负责人对幼儿园进行了室内外"书香"环境的总体设计与改建,课题组老师共同研讨室内外书香环境的日常布置,对原有专用活动室进行"书香改造",包含:中国风的户外景观与运动场地、诗情画意的室内大厅与走廊、独具特色的专用活动室与班级环境、典雅温馨的教工休息室和家长接待室。(具体见表 3-1)

表 3-1 "书香"环境改造一览表

场地	改造与添置项目
运动场地	定制"龙攀爬"、"长城综合体能设备"、"轮胎象棋"等大型原创运动设施,添置竹梯、高跷、梅花桩、铁环、毽子、沙包等运动器材
户外景观	整体风格改建:中国礼仪外围墙、"苏州园林观鱼池"、"九曲桥"、阳光沙水区
走廊及大厅	两栋教学楼进行"诗情画意"整体风格改建:1 号楼呈现白墙黛瓦的徽派建筑的风格,墙面绘制国画山水与中国成语、四大名著等;2 号楼呈现淡彩水墨画风格,墙面绘制经典的水墨画和唐诗。
书香小屋	整体徽派建筑风格改建,添置了国外经典绘本、中国原创绘本、借书系统、古筝与绿植
书香活动室	整体风格改建,添置了中式桌椅、文房四宝、国学音像资料
艺术创想室	整体风格改建,天花板装饰中国名家名画,添置中国风、自然物区域及相关材料
音乐室	添置民乐器、民乐音像资料、民族服饰、皮影戏台等
科常室	添置原创亲子游戏材料、四大发明游戏材料、设备等
建构室	墙面绘画中式建筑,添置各类建构材料、中式建筑素材、废旧材料等
家长接待室 教工休息室	添置中式家具、摆设、书法作品及书籍等

一、中国风的户外景观与运动场地

幼儿园大门:大门由右边的大理石主题墙和左边的铁门组成。主题墙是中国长城的造型,幼儿园大型园徽置于正当中,园徽四周的小圆里是幼儿园的一项项荣誉,园徽左边是建园时间"1952",园徽右下方装饰着一对孩子的剪影;左边的铁门由白色和绿色的流线型花纹组成,右上角为红色的华东师大校徽。整体体现了"书香、文化、师大"等风格。(见图3-1和图3-2)

图3-1 大门-1

图3-2 大门-2

户外围墙:掩映在绿色树木中的流线型围栏(图3-3),画框中是一幅幅古代幼儿团结友爱、文明有礼的图案(图3-4),在今天依然是值得传承的中华良好风气。

图3-3 围墙-1

图3-4 围墙-2

"苏州园林观鱼池":将原来的小池塘四周改建成苏州园林的风格,让孩子们能走上九曲桥去观赏水中的鱼儿、莲花与喷泉。

图3-5 园内"苏州园林"

图3-6 园内"九曲桥"

"九曲桥"：参考了城隍庙九曲桥的样式设计，且考虑到安全因素让桥的弯折路线更为柔和、适应孩子的生理发展特点。

阳光沙水区：沙坑上的棚设计成中国古代斗笠的造型。白天把棚升上去，让孩子们沐浴在阳光和空气中自由地玩沙，晚上降落下来盖住沙坑以保持沙的干净。

图 3-7　阳光沙水区

"龙攀爬"：龙头形象由家委会委员和教师投票选出，大家认为"传统的龙头"显得较为威严，小年龄孩子会害怕，"卡通的小龙人"更适合孩子。龙攀爬入口的九个洞寓意"龙生九子"，孩子们可以从龙尾巴、九个洞以及攀爬墙爬进爬出、爬上爬下。年龄小运动能力差的可以从龙尾巴和龙身一侧的九个洞爬进一层和二层，大年龄的运动能力强的孩子可以从龙身另一侧的攀爬墙爬上去摘葡萄（龙攀爬的顶上是一株几十年的茂盛的葡萄藤）。

图 3-8　"龙攀爬"-1　　　图 3-9　"龙攀爬"-2

"长城综合体能设备"：木制的烽火台建造在堆起的两座小山上，烽火台之间是绳网编织的通道。小年龄的孩子可以从底层绳网编制的隧道爬过，大年龄、能力强的孩子可以在上层由高低起伏、横竖交叉、宽窄不一的圆木组成的勇敢者道路上走过，能力更强的孩子还可以在绳网内外攀爬，具有较大的挑战性。

图 3-10 "长城综合体能设备"1

图 3-11 "长城综合体能设备"2

"轮胎象棋"：地上印上中国象棋棋盘，实心的棋子为轮胎材质所作，具有一定的重量，大小适合孩子使用。孩子们运用轮胎可以多种玩法：滚在线上、踩在上面跳跃、叠高等等。

图 3-12 轮胎象棋-1

图 3-13 轮胎象棋-2

其他：运动场地上还添置了竹梯、高跷、梅花桩、铁环、毽子、沙包等运动器材。

二、诗情画意的室内大厅与走廊

1号楼大厅：白墙黛瓦、小桥流水的徽派建筑是孩子们熟悉的中国风，体现了上海的江南文化，孩子们尤其喜欢那座小桥。班级的家园之窗做成了卷轴的造型，门牌则是关于祥云的设计，墙上成语"闻鸡起舞"的版画教育大班的孩子们要像古代的小朋友那样早睡早起、勤奋学习。

图3-14　1号楼大厅-1　　　　　　　　　图3-15　1号楼大厅-2

一楼走廊：架子上摆放了中国传统的剪纸、屏风、茶具、筷子、京剧脸谱等，墙上绘制了国画山水，悬挂孩子和家长的书画作品以及孩子们手绘的青花瓷盘、葫芦等，每一个都与众不同。

图3-16　一楼走廊-1　　　　　　　　　图3-17　一楼走廊-2

二楼走廊：悬挂了24节气扇面，布置了民族体验区，有维吾尔族、藏族、蒙古族、朝鲜族、壮族和回族等多民族服饰及该民族特色的日常用品和工艺品。

图3-18　楼梯-1　　　　　　　　　图3-19　楼梯-2

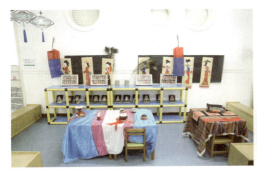

图 3-20 二楼走廊-1

图 3-21 二楼走廊-2

　　三楼走廊：悬挂了老师自制的中国窗格、红包制作的灯笼、孩子们自己彩绘的檀香扇、设计的中式服装以及家长用筷子自制的灯笼等，让环境不仅有视觉的美，还有嗅觉的香。

图 3-22 三楼走廊-1

图 3-23 三楼走廊-2

图 3-24 三楼走廊-3

图 3-25 三楼走廊-4

图 3-26　三楼走廊-5

图 3-27　楼梯-3

2号楼大厅：整体呈现淡彩水墨画风格，更适合小年龄的孩子欣赏。大厅张贴着一幅卷轴，上面用篆字书写了办园理念（书香润泽心灵、经典启迪智慧）和培养目标（善动脑、勤动手、喜表达、爱阅读、乐合作）。开放式的阅读区悬挂中国宫灯，桌椅为布制的圆桌腰鼓凳。

图 3-28　2号楼大厅-1

一楼走廊：墙面绘制的是 1988 年上海美术电影制片厂经典的水墨动画"小蝌蚪找妈妈"，几乎每一个中国妈妈都会讲这个故事。

图 3-29　2号楼大厅-2

图 3-30　一楼走廊-1

图 3-31　一楼走廊-2

　　楼梯与二楼走廊：墙上表现的是孩子们能理解的描写四季的 20 首唐诗，由艺术学校的老师绘画、书法老师书写、孩子朗读（录制在小盒子里，小盒子挂在孩子们触手可及的位置），沿楼梯走上去分别是春、夏、秋、冬四季的唐诗，二楼走廊是描写五大传统节日（春节、元宵、清明、重阳、中秋）的唐诗。每每经过这儿，孩子们都忍不住按一下录音小盒子，于是有着古典音乐伴奏的富含韵律的唐诗就飘了出来。现在这里成了家长和孩子们经常光临的地方。

图 3-32　楼梯-1

图 3-33　楼梯-2

图 3-34　楼梯-3

图 3-35　二楼走廊-1

　　三楼走廊：幼儿园的园史展，分为序言、园史书籍、历任领导与团队、大事记、不同时段的照片、各国各地的文化交流纪念品等板块。

图 3-36　三楼走廊-1　　　　　　　图 3-37　三楼走廊-2

图 3-38　三楼走廊-3　　　　　　　图 3-39　三楼走廊-4

三、独具特色的专用活动室与班级环境

书香小屋：幼儿园的阅览室和图书馆，名称由家委会委员投票选出，贴近孩子的理解。藏书近 5000 册绘本，除了世界各地的绘本，寿桃型的书架上都是中国的画家和作家为中国孩子们创作的绘本，中国风的原创图书很受孩子们欢迎。每位孩子都有一张借书卡，可以两周一次把书借阅回家。

图 3-40　书香小屋-1　　　　　　　图 3-41　书香小屋-2

书香文化室：添置了中式桌椅、文房四宝、国学音像资料等，孩子们可以听国学、写书法、画国画；墙上是书法老师和孩子们的作品；幼儿园每周会给中、大班的孩子上一节书法课和国画课，孩子们非常喜欢，他们回到家要求家长为自己买文房四宝，过年自

已写了福字贴在家里。

图3-42　书香文化室-1

图3-43　书香文化室-2

艺术创想室：天花板布置了适合6岁以下孩子们欣赏的中国名家名画，张大千的、齐白石的、吴冠中的……孩子们抬起头就看到中国的大家之作。除了涂鸦区、编织区、陶艺区，还有自然森系区、中国印染区等，是孩子们自由发挥想象创作的世界。

图3-44　艺术创想室-1

图3-45　艺术创想室-2

音乐活动室：墙上绘制中国少数民族舞蹈图案，添置了民乐器、民乐音像资料、动物头饰、皮影戏台及材料、舞龙材料、戏曲服装等，孩子们可以在这里欣赏、探索和表演，了解中国的古代音乐、民族音乐、戏曲等，感受中国艺术的魅力。

图3-46　音乐活动室-1

图3-47　音乐活动室-2

建构室：墙面绘画中国建筑，添置了各类建构材料（有基础件和主题件）、废旧材料等；走廊墙面的建构材料深受孩子们尤其是男孩们的喜欢，他们可以建造城市轨道、转盘、风车等。

图 3-48　建构室-1　　　　　图 3-49　建构室-2

科常室：除了购置来的科学材料包外，墙上布置了中国古代科技图片，添置了原创亲子游戏材料、茶具、与四大发明相关的游戏材料、设备等，供幼儿探索和体验。

图 3-50　科常室-1　　　　　图 3-51　科常室-2

班级环境：各班教师根据幼儿的年龄特点将中华传统文化内容用孩子们喜欢的、适宜的方式融汇进主题环境、区域环境、生活环境的创设中。

图 3-52　班级环境-1　　　　　图 3-53　班级环境-2

图 3‑54　班级环境‑3　　　　　图 3‑55　班级环境‑4

四、典雅温馨的教工休息室和家长接待室

教工休息室：添置了中式家具、中式摆设架及各类装饰品、茶具、书籍以及中国风的窗帘等。

图 3‑56　教工休息室‑1　　　　　图 3‑57　教工休息室‑2

家长接待室：添置了中国风靠垫、书籍，墙上悬挂幼儿的书法作品等。

图 3‑58　家长接待室

五、其他

图3-59 其他-1

图3-60 其他-2

图3-61 其他-3

图3-62 其他-4

图3-63 其他-5

图3-64 其他-6

图 3-65　其他-7

图 3-66　其他-8

图 3-67　其他-9

图 3-68　其他-10

第四章

"书香"特色活动内容指引

本章主要按年龄段分别具体介绍幼儿园"书香"特色课程体系中的小班、中班和大班的活动内容。

第一节 幼儿园"书香"特色课程小班活动内容指引

年龄	核心素养	内容示例	活动指引	资源
小班	人文积淀	主题一：元宵（一）	✓ 书香美绘本：《元宵节》 ✓ 启蒙幼学堂： 亲子：奶奶教我包汤圆 幼学堂：赏花灯；学说吉祥话 ✓ 陶冶活动室：卖汤圆	1. 绘本：《元宵节》 2. 音乐：卖汤圆 3. 亲子资源
		主题二：清明（一）	✓ 启蒙幼学堂： 亲子：踏青野餐（寻找柳花、芍药花、放风筝）；播种；听妈妈讲清明 ✓ 陶冶活动室：泥工：青团；插花	1. 校园资源 2. 亲子资源 3. 泥工材料
		主题三：端午（一）	✓ 书香美绘本：端午儿歌 ✓ 启蒙幼学堂： 幼学堂：品尝粽子 ✓ 陶冶活动室：系五彩绳；装香囊；包粽子	1. 端午儿歌 2. 五彩绳、香囊及中草药填充物 3. 各种口味的粽子
		主题四：重阳节	✓ 书香美绘本：《重阳节》 ✓ 启蒙幼学堂： 亲子：和爷爷奶奶一起过重阳（捶捶腿、剥橘子、共尝重阳糕）	1. 绘本：《重阳节》 2. 亲子资源
		主题五：好吃的中华美食（一）——面点大会	✓ 书香美绘本：《关于美食的绘本》 ✓ 陶冶活动室：泥工：制作美食面点 ✓ 智慧博物馆："面点大会"邀请厨师展示常见面点制作过程，并品尝	1. 绘本：《关于美食的绘本》 2. 泥工 3. 视频：美味的面点 4. 幼儿园后勤资源

年龄	核心素养	内容示例	活动指引	资源
	人文情怀	主题一： 亲亲家人	✓ 书香美绘本：《我妈妈》、《我爸爸》 ✓ 启蒙幼学堂： 幼学堂：我的成员；三八节的礼物；妈妈我爱你 ✓ 陶冶活动室：装饰全家福	1. 绘本：《我妈妈》、《我爸爸》 2. 亲子资源 3. 全家福装饰材料 4. 三八节活动准备
		主题二： 亲亲老师	✓ 书香美绘本：《程门立雪》、《感恩尊师故事》 ✓ 启蒙幼学堂： 幼学堂：谢谢您亲爱的老师 ✓ 陶冶活动室：老师像妈妈	1. 绘本：《程门立雪》、《感恩尊师故事》 2. 音乐：老师像妈妈
		主题三： 亲亲伙伴	✓ 书香美绘本：《三个和尚》、《五个兄弟捡黄豆》 ✓ 陶冶活动室：请你和我跳个舞；找朋友	1. 绘本：《三个和尚》、《五个兄弟捡黄豆》 2. 音乐：请你和我跳个舞、找朋友
		主题四： 有趣的民间游戏（一）	✓ 启蒙幼学堂： 亲子：爸爸妈妈小时候的游戏：木头人、炒黄豆、剪刀石头布	1. 亲子资源
	审美情趣	主题一： 奇妙的印章	✓ 书香美绘本：《爱盖章的国王》 ✓ 陶冶活动室：印章猜猜猜；蔬菜印章；印章树	1. 绘本：《爱盖章的国王》 2. 蔬菜根茎 3. 各种造型印章、印泥
		主题二： 可爱的泥娃娃	✓ 书香美绘本：《泥土好可爱》 ✓ 陶冶活动室：音乐：泥娃娃；制作"泥娃娃" ✓ 智慧博物馆：自办泥娃娃展	1. 绘本：《泥土好可爱》 2. 音乐：泥娃娃 3. 制作泥塑视频 4. 泥塑材料
		主题三： 皮影大揭秘	✓ 书香美绘本：《龟与鹤》 ✓ 陶冶活动室：皮影戏台；影子游戏 ✓ 智慧博物馆：皮影戏欣赏	1. 绘本：《龟与鹤》 2. 皮影戏台及皮影玩具 3. 社会资源：邀请皮影艺人表演，观看表演
		主题四： 一"鸣"惊人	✓ 书香美绘本：《滥竽充数》 ✓ 陶冶活动室：欣赏：吹出的乐音《牧笛》；《百鸟朝凤》 ✓ 智慧博物馆：邀请师大艺术系的学生演奏	1. 绘本：《滥竽充数》 2. 视频、音乐：民乐名曲 3. 大学生资源 4. 社会资源：华师大

年龄	核心素养	内容示例	活动指引	资源
中班	人文积淀	主题一:春节(二)	✓ 书香美绘本:《春节》、《十二生肖》 ✓ 启蒙幼学堂: 亲子:迎新年(写福字、亲子时装秀) ✓ 陶冶活动室:恭喜恭喜;新年到;剪纸:春、窗花;画年画;欣赏:热热闹闹的新年	1. 绘本:《春节》、《十二生肖》 2. 音乐:恭喜恭喜、新年到 3. 表演道具 4. 剪纸、年画材料 5. 视频《热热闹闹的新年》 6. 亲子资源
		主题二:元宵节(二)	✓ 书香美绘本:古诗《正月十五夜灯》 ✓ 陶冶活动室:小汤圆大表情;画灯笼 ✓ 启蒙幼学堂: 亲子:说说元宵节的来历;走走三座桥;红包谜语猜猜猜	1. 古诗《正月十五夜灯》 2. 绘画材料 3. 元宵来历视频 4. 亲子资源
		主题三:清明节(二)	✓ 书香美绘本:《清明节》、《爷爷变成了幽灵》、《奶奶的护身符》;古诗:清明 ✓ 陶冶活动室:漂亮的风筝 ✓ 启蒙幼学堂: 幼学堂:校园踏青;快乐种植	1. 绘本:《清明节》、《爷爷变成了幽灵》、《奶奶的护身符》、古诗:清明 2. 制作风筝材料 3. 种植材料 4. 社会资源:校园
		主题四:端午节(二)	✓ 书香美绘本:《不是方的不是圆的》、《端午节》 ✓ 启蒙幼学堂: 幼学堂:多彩的端午节(介绍习俗);旱地龙舟	1. 绘本:古诗《不是方的不是圆的》、《端午节》 2. 旱地龙舟游戏材料 3. 视频:端午

书香润泽心灵

核心素养背景下
幼儿园「书香」特
色课程的建构

年龄	核心素养	内容示例	活动指引	资源
		主题五：二十四节气——立夏	✓ 书香美绘本：《你好，鸡蛋哥哥》、《立夏》 ✓ 陶冶活动室：立夏斗蛋；立夏称人；欣赏：立夏的故事	1. 绘本：《你好，鸡蛋哥哥》、《立夏》 2. 视频：立夏 3. 熟鸡蛋 4. 秤
		主题六：二十四节气——立冬	✓ 书香美绘本：《雪中的朋友》、《雪孩子》 ✓ 陶冶活动室：《数九歌》；《雪花飘》、《漂亮的帽子》	1. 绘本：《雪中的朋友》、《雪孩子》 2. 视频：数九歌 3. 音乐：雪花飘 4. 表演道具 5. 制作帽子的材料
		主题七：好吃的中华美食——点心大会	✓ 书香美绘本：《大南瓜》 ✓ 启蒙幼学堂： 亲子："点心大会"：包馄饨；美味的南瓜团子	1. 绘本：《大南瓜》 2. 亲子资源
人文情怀		主题一：谦和好礼	✓ 书香美绘本：《孔融让梨》 ✓ 陶冶活动室：找朋友；对不起，没关系 ✓ 智慧博物馆：礼貌小明星	1. 绘本：《孔融让梨》 2. 音乐：对不起，没关系，找朋友 3. 幼儿园资源：搜集日常有礼貌事迹及照片，布置展览。
		主题二：尊老敬老	✓ 书香美绘本：《黄香温席》 ✓ 启蒙幼学堂： 亲子：爷爷奶奶小时候的歌；帮助老人做一件事 ✓ 陶冶活动室：小乌鸦爱妈妈	1. 绘本：《黄香温席》 2. 亲子资源 3. 音乐：小乌鸦爱妈妈
		主题三：有趣的民间游戏（二）	✓ 启蒙幼学堂： 亲子：小时候的玩具 幼学堂：挤油渣、荷花荷花几月开 ✓ 陶冶活动室：制作不倒翁；七巧板 ✓ 智慧博物馆：自办民间玩具展	1. 不倒翁制作材料 2. 七巧板 3. 幼儿园资源：搜集儿时的玩具 4. 亲子资源
审美情趣		主题一：龙的传人	✓ 书香美绘本：《画龙点睛》、《龙来了》 ✓ 陶冶活动室：龙舞 ✓ 智慧博物馆：自办龙的传人展	1. 绘本：《画龙点睛》、《龙的传人》 2. 视频：龙舞 3. 舞龙道具 4. 幼儿园资源：搜集龙图腾物品

年龄	核心素养	内容示例	活动指引	资源
		主题二：棋布星罗	✓ 书香美绘本：《锦绣神舟中华传统文化绘本——棋》 ✓ 启蒙幼学堂： 亲子：学象棋 ✓ 陶冶活动室：各种各样的棋；五子棋比赛	1. 绘本：《锦绣神舟中华传统文化绘本——棋》 2. 视频：各种各样的棋 3. 准备：五子棋、象棋、围棋、斗兽棋、跳棋等 4. 亲子资源
		主题三：炫丽彩扇	✓ 书香美绘本：《孙悟空三借芭蕉扇》 ✓ 陶冶活动室：天然好扇子；制作纸扇；欣赏扇面 ✓ 启蒙幼学堂： 幼学堂：认识扇子、创作扇面 ✓ 智慧博物馆：扇子展	1. 绘本：《孙悟空三借芭蕉扇》 2. 搜集生活中适合做扇子的材料 3. 制作纸扇的材料 4. 视频：中国扇 5. 幼儿园资源：扇子展
		主题四：五彩印染	✓ 书香美绘本：《阿利的红斗篷》 ✓ 陶冶活动室：蝶儿飞飞；美丽的手帕；欣赏：各种染纸 ✓ 智慧博物馆：生活中的印染的物品	1. 绘本：《阿利的红斗篷》 2. 颜料、蜡笔、宣纸等染纸材料 3. PPT视频：染纸 4. 幼儿园资源：搜集生活中各种印染的物品
		主题五：玩转陶土	✓ 书香美绘本：《乐游陶瓷国》 ✓ 陶冶活动室：视频：制陶过程；陶艺制作 ✓ 智慧博物馆：参观上海博物馆	1. 绘本：《乐游陶瓷国》 2. 视频：制陶过程 3. 陶艺制作材料 4. 社会资源：上海博物馆
		主题六：一鼓作气	✓ 启蒙幼学堂： 幼学堂：一鼓作气 ✓ 陶冶活动室：鼓庆；体验各种各样的鼓声；鼓上的米粒；遥控鼓；做手铃鼓	1. 音乐：鼓庆 2. 各种鼓 3. 制作手铃鼓的材料

第 三 节　幼儿园"书香"特色课程大班活动内容指引

年龄	核心素养	内容示例	活动指引	资源
大班	人文积淀	主题一：元宵节（三）	✓ 书香美绘本：《团圆》 ✓ 启蒙幼学堂： 亲子：制作灯笼；舞龙；走花灯；猜谜 ✓ 陶冶活动室：制作舞龙道具；制作新年心愿卡	1. 绘本：《团圆》 2. 亲子资源 3. 舞龙、心愿卡材料
		主题二：清明（三）	✓ 书香美绘本：《奶奶的青团》 ✓ 启蒙幼学堂： 亲子：青团我来做 幼学堂：我的家谱、春季写生 ✓ 陶冶活动室：蹴鞠；欣赏：《清明上河图》	1. 绘本：《奶奶的青团》 2. 亲子资源 3. 实物：蹴鞠 4. 幼儿园资源：《清明上河图》
		主题三：端午节（三）	✓ 书香美绘本：绘本：《屈原的故事》 ✓ 启蒙幼学堂： 亲子：包粽子 幼学堂：有味道的植物 ✓ 陶冶活动室：编彩绳	1. 绘本：《屈原的故事》 2. 彩绳、编织示意图 3. 亲子资源 4. 艾叶等有香味的植物
		主题四：中秋节	✓ 书香美绘本：《中秋》《快乐的家》 ✓ 启蒙幼学堂： 亲子：中秋赏月、自制月饼 ✓ 陶冶活动室：月亮的变化；"月饼盒变变变"	1. 绘本：《中秋》《快乐的家》 2. 亲子资源 3. 月亮变化图 4. 搜集月饼盒
		主题五：二十四节气——立春	✓ 书香美绘本：绘本《立春》 ✓ 陶冶活动室：歌曲：《嘀哩嘀哩》；欣赏：立春农谚	1. 绘本《立春》 2. 音乐：《嘀哩嘀哩》 3. 视频：《立春农谚》

年龄	核心素养	内容示例	活动指引	资源
		主题六：二十四节气——立秋	✓ 书香美绘本：绘本《立秋》 ✓ 陶冶活动室：秋天古诗吟诵会；树叶贴画	1. 绘本：《立秋》 2. 秋天的古诗 3. 搜集各色落叶
		主题七：好吃的中国美食——饺子	✓ 书香美绘本：《吃饺子咯》 ✓ 启蒙幼学堂： 亲子：介绍饺子；五颜六色的饺子；饺子种类多；包饺子	1. 绘本：《吃饺子咯》 2. 视频：饺子种类多 3. 亲子资源 4. 包饺子材料
	人文情怀	主题一：诚实守信	✓ 书香美绘本：《曾子杀猪》、《一诺千金》、《立木为信》、《狼来了》 ✓ 陶冶活动室：动画片：九色鹿；故事表演：立木为信	1. 绘本：《曾子杀猪》、《一诺千金》、《立木为信》、《狼来了》 2. 视频：九色鹿
		主题二：坚持不懈	✓ 书香美绘本：《愚公移山》古诗欣赏：《墨梅》 ✓ 陶冶活动室：表演：铁杵磨针；小实验：水滴穿石	1. 绘本：《愚公移山》 2. 古诗：《墨梅》 3. 表演道具 4. 滴水材料
		主题三：祖国大家庭	✓ 书香美绘本：《我的祖国》 ✓ 启蒙幼学堂： 亲子：最炫民族风走秀；好看的民族服饰 幼学堂：童谣《我们都是中国人》 ✓ 陶冶活动室：热情的新疆舞；中国拼图 ✓ 智慧博物馆：参观民俗博物馆	1. 绘本：《我的祖国》 2. 亲子资源：筹备亲子最炫民族风走秀 3. 中国拼图 4. 社会资源：民俗博物馆
		主题四：民间游戏（三）	✓ 启蒙幼学堂： 亲子："民间游戏运动会"：跳房子、抬花轿、跳皮筋、滚圈子、踩高跷	1. 皮筋、铁环等游戏材料
	审美情趣	主题一：四大发明	✓ 书香美绘本：《四大发明》 ✓ 陶冶活动室：欣赏：《四大发明》；小实验：造纸、指南针（找方位）、活字印刷	1. 绘本：《四大发明》 2. 视频：《四大发明》 3. 造纸材料 4. 指南针 5. 活字印刷材料
		主题二：飘香茶艺	✓ 书香美绘本：《茶史·茶趣》 ✓ 陶冶活动室：八宝茶；品尝各种各样的茶；欣赏：茶的故事；采茶舞 ✓ 智慧博物馆：参观中医药博物馆	1. 绘本：《茶史.茶趣》 2. 各种各样的茶 3. 茶具 4. 视频：《茶的故事》 5. 社会资源：中医药博物馆

年龄	核心素养	内容示例	活动指引	资源
		主题三：剪纸世界	✓ 书香美绘本：《老鼠嫁女》 ✓ 启蒙幼学堂：与春节主题结合 ✓ 陶冶活动室：剪纸区；剪纸欣赏 ✓ 智慧博物馆：自办剪纸展	1. 绘本：《老鼠嫁女》 2. 剪纸图样与材料 3. 剪纸视频 4. 幼儿园资源
		主题四：笔墨丹青	✓ 书香美绘本：《牧童短笛》 ✓ 陶冶活动室：欣赏：文房四宝 　书法体验（每周一次） ✓ 智慧博物馆：参观书画展	1. 绘本：《牧童短笛》 2. 聘请书法老师每周开展书法体验活动 3. 视频：书画作品欣赏 4. 书画作品搜集 5. 社会资源：参观华师大孟宪成书院、图书馆画展等
		主题五：生旦净末丑	✓ 书香美绘本：《京剧原来如此美丽》、《京剧猫：武松打虎》 ✓ 陶冶活动室：画脸谱；京剧操；京剧欣赏	1. 绘本：《京剧原来如此美丽》、《京剧猫：武松打虎》 2. 视频：京剧 3. 京剧服装道具、面具等
		主题六：弹指音弦	✓ 书香美绘本：《高山流水》 ✓ 陶冶活动室：音乐欣赏：美妙音弦； 　姐姐们弹拨民乐欣赏 ✓ 智慧博物馆：参观民乐展览馆	1. 绘本：《高山流水》 2. 邀请华师大音乐系学生为孩子们表演弹拨民乐 3. 弹拨乐器若干 4. 社会资源：上海民乐展览馆

第四章 内容指引 书香·特色活动

第五章

"书香"特色
活动方案

本章主要来源于课题组老师们日常实践探索的"书香"特色集体活动方案,有涉及生活、运动、游戏、学习四大板块内容的,也有体现健康、社会、语言、科学、艺术五大领域特质的。尤其是一些原创课,在上海市园长岗位班等对外开放中经过了一次次研讨、一次次打磨,获得同仁们一致好评。

第一节 小班活动方案

民间游戏：炒黄豆

设计：陆瑾

适合年龄：小班

设计思路

各地的民间游戏传递着浓厚的生活气息，具有玩法简单、趣味性强、材料简便、不受人数场地的限制等特点……对于小班年龄的孩子，更适合以游戏的方式融入"书香"特色课程，民间游戏恰巧符合这一特质。在亲子游戏"炒黄豆"中，幼儿按照游戏规则进行活动，不但增进了亲子、同伴关系，而且传承了民间游戏文化。

活动目标

1. 舒张筋骨，促进幼儿动作协调发展。
2. 增进亲子、同伴关系，丰富生活常识。

活动准备

经验准备：和父母一起亲子游戏。

活动过程

一、一对亲子演示"炒黄豆"的游戏

——小朋友和爸爸（妈妈）在干什么呀？

——炒的是什么呀？

——炒好黄豆怎么样呢？

——除了黄豆，还可以炒些什么呢？

小结：这个游戏叫做"炒黄豆"，家长和宝宝手拉手，边摆手臂边唱儿歌。当念到"翻跟头"时，两人同时转身，背对背，手牵手继续摆动念儿歌。除了炒黄豆还可以用蚕豆、绿豆、赤豆、花生等来代替黄豆。

二、亲子游戏

小朋友和家长自由游戏，老师引导家长游戏。鼓励小朋友除了和家长们一起游戏，也可以和周围的小朋友一起游戏。

★ 附儿歌：炒，炒，炒黄豆，炒好黄豆翻跟头。

民间游戏：我是木头人

设计：桑慧慧

适合年龄：小班

设计思路

"木头人"这个游戏规则简单易懂，且非常有趣，适合小班幼儿游戏。不仅可以锻炼幼儿思维的敏捷性，还可以提高幼儿的自我控制能力和想象力，幼儿在游戏中可以收获无穷无尽的欢乐和智慧。

活动目标

1. 锻炼幼儿的耐力、自我控制力、反应能力以及观察能力。

2. 体验集体游戏的乐趣。

活动准备

小贴纸。

活动过程

一、了解"木头人"是什么

——你们听说过木头人吗？什么是木头人？

——你们见过木头吗？（引导幼儿敲敲小椅子和桌子，还有地板）这些都是用木头做的！木头很硬，不会动！

——木头不会动，那木头人会动吗？

小结：木头人不会说话不会动，也不会笑！

二、了解"木头人"的游戏规则

1. 教师念儿歌：

——山山山，山上有个木头人，不许说话不许动，还有一个不许笑。

2. 教师示范：

教师一边念儿歌一边拍手，当念完儿歌后，无论做出什么动作，都定格不动。

教师倒数：3，2，1，拍手庆祝获胜。

——老师数到1之前，说话、动了、笑了的小朋友都会失败，坚持到最后的小朋友获胜。获胜的小朋友可以得到一枚小贴纸哦！

图 5-1 我是木头人 1

活动方案
书香特色

三、游戏：木头人

1. 教师念儿歌，幼儿拍手，进行游戏。

2. 幼儿和老师一起念儿歌，念完时，发挥想象做出各种造型。

3. 教师鼓励幼儿在儿歌念完时，变出和之前不同的造型。

图 5-2　我是木头人 2

★附儿歌：山山山，山上有个木头人。不许说话不许动，还有一个不许笑。

立冬吃饺子

设计：程晓玲

适合年龄：小班

设计思路

　　冬天到了，天气也变得寒冷。立冬这一天，北方很多地方都有吃饺子的习俗。在这个活动中，将中国传统文化融入到"书香"课程中，还把图形分类结合到游戏中去，让孩子们在感受文化内容的同时，边玩边尝试分类。

活动目标

1. 能够将三种不同的形状进行分类摆放。

2. 了解"立冬"吃水饺的习俗。

活动准备

　　物质准备：

1. 颜色、大小不同的圆形、三角形、正方形卡片若干。

2. 贴有三种图形的图案的盘子各一个、三种颜色的锅各一个。

　　经验准备：见过吃过饺子；对形状有一定的了解。

活动过程

一、引导语

　　——"立冬"是一个传统节气，在这一天要吃一种食物，你们知道是什么吗？（吃饺子）

——饺子是什么样子的？

——吃饺子有什么寓意？

小结："立冬"是秋冬季节之交的意思，饺子作为立冬进补的食物一直延续到现在，我们在立冬这一天还会包饺子吃饺子。

二、介绍游戏玩法

——我们今天也来给饺子分分类，我们的饺子都是不同形状的哦！

1. 将有相同图形的"饺子"放在一个盘子里。

——有三角形图案的盘子里可以放什么图形的"饺子"呢？

——有圆形图案的盘子里可以放什么图形的"饺子"呢？

——有正方形图案的盘子可以放什么图形的"饺子"呢？

小结：三角形图形的"饺子"要放在有三角形图案的盘子里，圆形图形的"饺子"要放在有圆形图案的盘子里，正方形图形的"饺子"要放在有正方形图案的盘子里。

2. 将相同颜色的"饺子"放在一个火锅里。

——煮饺子喽！现在我这里有三个锅，它们有什么不同吗？（红、黄、蓝颜色不同）

——要煮这些饺子，可以怎么分类放入呢？（相同颜色的放在一起）

——放进锅里面的饺子有什么图形呢？（三角形、圆形、正方形）

小结：可以根据颜色进行分类，红色的饺子放在红色的锅里，黄色的饺子放在黄色的锅里，蓝色的饺子放在蓝色的锅里，也可以根据图形分类。三个锅都很开心，听，他们都发出了"咕嘟咕嘟"的声音啦。

★ **延伸活动**

1. 区角活动：幼儿在区角活动中玩"吃饺子"的游戏，积累图形、颜色分类的经验。

2. 亲子活动：请家长利用家庭中现成的玩具、糖果等食物，和幼儿共同开展"分类"的游戏。

★ **附活动照片**

图 5-3 立冬吃饺子

妈妈我爱你

设计：陶群文

适合年龄：小班

设计思路

　　小班孩子在成长的过程中，对于亲情的情感体验尚处于被爱的阶段，很难体会家人深层的爱和日常的辛劳。本次活动与"书香"特色课程相结合，通过看看说说等形式，引导幼儿感受妈妈的辛劳，尝试表达自己的爱。

活动目标

　　1. 在活动中感受妈妈的辛劳，激发爱妈妈的情感。

　　2. 在欣赏故事的基础上，尝试用语言表达自己的爱。

活动准备

　　收集妈妈和宝宝的照片；绘本《我妈妈》。

活动过程

一、我的好妈妈

　　1. 说说我的好妈妈。

　　——引导幼儿说说自己妈妈的名字、工作、模样等。

　　2. 演唱歌曲《我的好妈妈》，感受宝宝爱妈妈的情感。

　　小结：我们每个人都有自己的妈妈，妈妈是世界上最爱宝宝的人。

二、阅读绘本《我妈妈》

　　——故事里，妈妈做了哪些事？

　　——为什么妈妈会生气？

　　——最后，妈妈还是紧紧地抱着宝宝，你觉得妈妈心里会怎么想？

　　小结：平时，妈妈照顾宝宝很辛苦。我们现在长大了，也要关心妈妈。

图 5-4　妈妈我爱你

三、看看照片，说一说

——你的妈妈平时上班忙不忙？什么时候回家？

——妈妈在家做哪些事？

——你帮妈妈做过哪些事？

小结：妈妈不但要上班，还要做很多家务事，妈妈很辛苦。宝宝要帮助妈妈做力所能及的事情。

> ★ 活动延伸

1. 引导幼儿表达对妈妈的情感，说说"妈妈我爱你！""妈妈你辛苦了！"。
2. 回家后，学做一件力所能及的家务事，帮助妈妈分担家务。

小熊过生日

设计：赵刘珊

适合年龄：小班

设计思路

小班幼儿以自我为中心，在"娃娃家"的游戏情境中，时常会出现小客人"破门而入"，而娃娃家的主人对客人不理不顾。由此引发了我的思考：如何让幼儿体会到"文明语言"在交往中的重要性，如何激发幼儿在交往中使用礼貌用语呢？结合"书香"特色课程小班主题"亲亲伙伴"，运用小班音乐活动"欢迎歌"，设计了"小熊过生日"活动，以音乐游戏的形式，让幼儿在趣味活动中体会与同伴友好交往的快乐。

活动目标

1. 在动物朋友来做客的情境中，学唱歌曲《欢迎歌》。
2. 在游戏中体验使用礼貌用语的快乐。

活动准备

情境创设、教学 PPT、小动物头饰。

活动过程

一、引发兴趣

——你们家里有朋友来做客么？如果朋友来做客你会对朋友说什么？

小结：小朋友真热情，会向我问好，我觉得真高兴。今天我们一起去森林里做客，好不好？

二、感受"做客"的情境

——森林里有一幢漂亮的房子，它可能是谁的家？为什么？今天小熊过生日邀请了很多的动物朋友来它家做客。数数有几只小鸭来做客？

——欣赏《欢迎歌》,学习歌曲中的礼貌用语

——熊妈妈用什么好方法欢迎客人? 熊妈妈欢迎小客人的时候唱了一首《欢迎歌》,我们一起听听熊妈妈是怎么唱的?

小结:"叮叮咚"是按门铃的声音,朋友来做客,主人会说"欢迎,欢迎"。

我们一起邀请小鸭进门,怎么说? "小鸭你好,请进。"

三、猜猜谁来做客,共同欢迎小客人

——听小猫的叫声猜客人,理解歌词,学唱歌曲。

——看熊猫的局部猜客人,尝试以歌唱的方式欢迎小客人。

——根据小兔爱吃的萝卜猜客人,尝试扮演熊爸爸、熊妈妈、熊宝宝。

四、在游戏情境中扮演主人招待客人

幼儿自主扮演熊爸爸、妈妈、小熊们,邀请4位大班小朋友扮演动物朋友,幼儿以"欢迎歌"的方式迎接客人,并鼓励幼儿有礼貌地说:"你好、请进、请坐"。

五、共同为小熊过生日,分享糖果

——客人们都到齐了,让我们一起来为小熊过生日吧!(播放《生日快乐歌》)

好吃的蛋糕我们先请谁呢?

小结:邀请客人先吃好吃的,你们真有礼貌。小熊还准备了很多的生日礼物,我们一起到教室里分享吧!

★ 附歌曲

《欢迎歌》

叮叮咚,叮叮咚,我的朋友来做客。

欢迎你,欢迎你,大家真快乐!

泥娃娃

设计:王莹

适合年龄:小班

设计思路

泥塑艺术是我国古老的民间艺术。以泥土为原料,从器皿、佛像到儿童的玩具,从没有间断过。泥塑艺术是中华民族民间艺术的一种,它早已走出国门,成为中外文化交流的使者。在本次活动中,运用超轻黏土等可塑性材料,通过揉、搓、捏、压、印、粘等基本技法进行泥娃娃的创造,培养幼儿的创造意识与创造能力。

活动目标

1. 尝试用揉、搓、捏、印、粘等方法用轻黏土制作泥娃娃。

2. 初步感受泥塑制品的美,体验完成作品的成就感。

活动准备

泥娃娃 PPT、各种颜色的轻黏土、切割、雕刻工具、彩色粘纸(不同表情的眼睛、眉毛、嘴巴)

活动过程

一、欣赏泥娃娃的图片,说说自己喜欢的泥娃娃

1. 通过 PPT 欣赏其他不同种类、不同造型的泥娃娃。

2. 你们喜欢泥娃娃吗? 喜欢哪个? 说说你喜欢的理由。

小结:泥娃娃的脸很漂亮,有的有大大的眼睛,有的有红红的嘴巴,有的还有可爱的小辫子,他们穿着彩色的衣服,非常漂亮。

二、认识泥塑材料

——泥娃娃是用什么材料做的呢?

——他是怎样制作出来的呢?

小结:泥娃娃是用泥土制作的,做好后再上颜料,经过烧制而定型,作品就完成了。

三、幼儿探索泥娃娃的制作过程

1. 教师拿出一个用轻黏土制作的泥娃娃,请幼儿欣赏。

2. 请幼儿说说老师是怎样制作泥娃娃的。

——泥娃娃分成哪几部分?(头、身体)

——泥娃娃头部怎样做出来的?

——头部上有些什么细节?

——身体怎么做的? 它和头部有什么不同?

——泥娃娃的身体是用什么方法装饰的?

小结:泥娃娃有"头"和"身体"两部分。"头部"是用搓圆的方法做出来的,贴上眉毛、眼睛、嘴巴的粘纸。用黑色或深色的轻黏土制作泥娃娃的头发。再选用多一点的泥用搓圆的方法做泥娃娃的身体,用彩色的亮片或者粘纸装饰泥娃娃的身体。

四、幼儿分组进行制作,老师巡回指导

1. 幼儿分组制作泥娃娃。

2. 老师巡视并帮助个别幼儿。

五、展示幼儿的作品并请幼儿进行介绍

1. 将幼儿的作品放摆在桌子上,请幼儿一一介绍自己的作品。

2. 请幼儿说说自己最喜欢的作品和理由。

小结:你们制作的泥娃娃都很棒! 我们不仅可以用泥塑制作泥娃娃,还可以做其他的物品。泥塑这门艺术是我们中国的民间手艺,以后我们的小手本领越来越大,就可以用泥塑制作更多的作品了。

第五章 活动方案 「书香」特色

图 5-5　泥娃娃 1　　　　　图 5-6　泥娃娃 2

三个和尚

设计：潘高玮

适合年龄：小班

设计思路

　　幼儿在交往的过程中，不仅学习如何与人友好相处，也在学习如何看待自己、对待他人，不断发展适应社会的能力。在幼儿园"书香"特色课程小班"亲亲伙伴"主题中，重点激发幼儿与同伴交往的愿望，让孩子感受到拥有朋友是一件快乐的事情。《三个和尚》是一个非常经典的故事，在有趣的情节中蕴含了深刻的含义，引申出与同伴团结协作的深层寓意。

活动目标

　　1. 理解《三个和尚》故事内容。

　　2. 感受合作的重要性。

活动准备

　　角色及背景图片、故事《三个和尚》。

活动过程

一、引起兴趣

　　——猜猜他们是什么人？他们三个有什么不同的地方？

　　小结：他们的高矮、胖瘦不同，他们穿的衣服颜色不同。

二、听故事

　　1. 教师讲述《三个和尚》故事

　　——现在我们知道了，他们三个是和尚。分别是什么和尚呢？（小和尚、高和尚和

胖和尚)

——谁最先在庙里？然后谁来了？最后来了谁？

(教师帮助幼儿回忆故事内容,并用图片模拟故事情节。)

2. 理解故事主旨

——故事里有一句话很有趣:一个和尚挑水喝,两个和尚抬水喝,三个和尚没水喝。是什么意思呢？我们先请几位小朋友先来演示一下吧。

(教师邀请几位幼儿分角色扮演,展示"挑水"、"抬水"和"没水喝"的场景)

——刚开始庙里有几个人？(1个)他挑了几桶水？(2桶)

——接着高和尚来了,现在有几个人？(2个)他们抬了几桶水？(1桶)

——最后胖和尚也来了,现在有几个人？(3个)他们怎么样？(没水喝)

——为什么人越来越多,水反而越来越少了呢？

小结:一个和尚很勤劳,三个和尚却很懒惰,人多了都不想自己做事情,推给别人做。我们可不能学他们,要团结合作、齐心协力,这样才能把事情办好,每天都过得开开心心的。

3. 完整欣赏故事

三、延伸

——其实我们的教室里每天也在发生着《三个和尚》的故事,比如游戏结束后经常有玩具没人收,学完本领桌上的材料乱糟糟的不整理。老师希望大家要做故事最后团结友爱的三个和尚,而不是"没水喝"的三个和尚哦!

★ 附故事《三个和尚》

山上有座小庙,庙里有个小和尚。他每天挑水、念经、敲木鱼,给观音菩萨案桌上的净水瓶添水,夜里不让老鼠来偷东西,生活过得安稳自在。不久,来了个高和尚。他一到庙里,就把半缸水喝光了。小和尚叫他去挑水,高和尚心想一个人去挑水太吃亏了,便要小和尚和他一起去抬水,两个人只能抬一只水桶,而且水桶必须放在扁担的中央,两人才心安理得。这样总算还有水喝。后来,又来了个胖和尚。他也想喝水,但缸里没水。小和尚和高和尚叫他自己去挑,胖和尚挑来一担水,立刻独自喝光了。从此谁也不挑水,三个和尚就没水喝。大家各念各的经,各敲各的木鱼,观音菩萨面前的净水瓶也没人添水,花草都枯萎了。夜里老鼠出来偷东西,谁也不管。结果老鼠猖獗,打翻烛台,燃起大火。三个和尚这才一起奋力救火,大火扑灭了,他们也觉醒了。从此三个和尚齐心协力,水自然就更多了。

第二节 中班活动方案

民间游戏：挤油渣

设计：戴莹

适合年龄：中班

设计思路

念着朗朗上口的儿歌就能玩出很多花样的民间游戏是值得我们传承的。中班的孩子和同伴建立了较亲密的友情，在排队的时候时常会打闹嬉戏。于是我想起了民间游戏"挤油渣"，与其在危险的情况下打闹，不如提供较为安全的场地，在了解游戏规则的情况下愉快游戏。选择适合幼儿的民间游戏，既能够满足他们的交往需求，又能让幼儿在玩中乐、乐中学。

活动目标

1. 积极参与游戏，知道规则并能够遵守。
2. 体验集体游戏的快乐，能够自主游戏。

活动准备

经验准备：看奶奶炸油渣，了解挤油渣的经验。

物质准备：选择安全的长廊或墙壁。

活动过程

一、看视频，回忆经验

——奶奶在干什么？她是怎么挤的？

小结：奶奶挤啊挤啊，把油渣里的油全挤出来，你们看一滴一滴的油都挤出来了。

——引导幼儿变成小油滴，想象怎么挤在一起。

——老师来变个魔术，我也想挤油渣，你们都是小油滴，哎呀，小油滴挤啊挤啊……

——你们看看，油渣是往哪里挤的？

教师用儿歌小结：一二三，挤油渣，挤到中间变油渣。

二、游戏：挤油渣

1. 念儿歌，了解挤油渣的玩法。

"一二三，挤油渣，挤到中间变油渣。"

2. 说明游戏规则：幼儿结伴排成一排背靠一面长的墙壁站立，队伍中的幼儿用肩部的力量从两端向中间挤，被挤出的人跑到队伍两端，再向中间挤，按这个玩法反复进行。

3. 幼儿尝试玩这个游戏，教师注意观察幼儿在游戏中的安全意识。

三、幼儿自由分组玩游戏

教师观察幼儿游戏里的运动量是否适当，提醒幼儿注意休息。

小结：刚刚小朋友有没有发现，如果没有贴着墙壁，你还没到中间就会被挤出来了，所以一定要贴着墙壁往中间挤。今天的这个游戏很有趣，人越多越好玩，我们可以把这个游戏和邻居小伙伴一起玩。

★ 附儿歌

一二三，挤油渣，
挤到中间变油渣。
挤呀挤呀挤油渣，
挤出油来做糍粑。

民间游戏：荷花荷花几月开

设计：戴莹

适合年龄：中班

设计思路

民间各地流传的许多具有浓厚生活气息、风格各异的游戏，在许多人的脑海中留下了属于童年的美好回忆……那遥远的童年时代，印象最深刻的就是一有时间便和邻居小伙伴们在空气新鲜、阳光充足的空地上、院子里玩踢毽子、跳房子、捡棋子的游戏。这则"荷花荷花几月开"的游戏就是其中之一。

活动目标

1. 边念儿歌边游戏，复习数概念，发展想象力和语言表达能力。

2. 能够自主互动游戏情节，尽情地感受一起玩游戏的热闹氛围。

活动准备

经验准备：通过主题活动《夏天真热啊》了解、认识荷花。会玩"金锁、银锁"的游戏。

物质准备：选择空旷的活动室或场所。

活动过程

一、回忆荷花及生长季节，鼓励幼儿学做荷花开放的样子

——你们还记得荷花是什么样的吗？来学学它开放的样子。

小结：我们的小荷花开得真美，手臂张得大大的，脸上笑眯眯的。

——荷花是几月开的呢？今天的小荷花可以按照自己的心意开，你想几月开呢？

二、学习游戏：荷花荷花几月开

1. 幼儿拉成一个圈，教师做花蕊，引导幼儿问，教师答，示范游戏一遍。

2. 集体游戏。全体幼儿拉成一个大圈，作为荷花花瓣。推选一位幼儿蹲在圈中央，当做花蕊。

三、玩游戏：荷花荷花几月开

引导幼儿分成几个小组，根据幼儿兴趣给予充分的游戏次数。

★ 游戏玩法

游戏开始，圈上的幼儿手拉手，连按逆时针方向绕"花蕊"走，边念儿歌"荷花荷花几月开？"做花蕊的幼儿回答："一月开！"圈上的幼儿继续问："一月不开几月开？"答："二月开！"……如此按照月份顺序继续回答，直至答"六月开！"时，全体齐声喊"六月荷花大大开"，同时圈上幼儿将圆圈拉大。

春节

设计：赵刘珊

适合年龄：中班

设计思路

通过绘本的形式给幼儿讲述春节的来历，故事情节跌宕起伏。了解"年"的由来，从而引出了人们为什么要在过年的时候"守岁"、"放鞭炮"等习俗。幼儿被绚丽的色彩和紧张的故事情节吸引，从而对民间故事产生了浓厚的兴趣。

活动目标

1. 了解春节的来历和有关风俗，知道春节是中华民族的传统节日。

2. 了解新年的特殊意义，体验新年给人们带来的欢快。

活动准备

春节风俗图片、视频、绘本

活动过程

一、引导幼儿谈论过新年

1. 过新年，要做哪些事情？引导幼儿和同伴交流。

2. 把幼儿说到的内容的相关图片展示在黑板上。

小结：引导幼儿观察图片，并把没有说到的内容补充出来。

二、认识春节

1. 出示挂历，请幼儿注意公历和农历的不同，找出农历春节的红色日期（日历上公历的日期写在上面，字稍大；农历的日期写在下面，字稍小）

2. 与幼儿共同讨论，初步了解春节的习俗：除尘、贴春联、贴福字、放鞭炮、守岁、拜年等。（教师出示相关物品引起幼儿兴趣，如：春联、福字、红包等）

三、绘本《春节》阅读

讲解"守岁"和"放鞭炮"习俗的来历，教师讲述"年"的故事：我国民间是以农历记载年的，正月初一是农历新年的开始，因为邻近立春，又叫春节，过春节又叫"过年"。有一种叫"年"的怪兽，每年只出现一次，就是正月初一前一天，大年三十晚上（即除夕），它要挨家挨户地吃人，人们怕被它吃掉，就关紧门户，在屋里点上灯，一宿不睡，灯火通明，还要在窗外放鞭炮吓走"年"，因为"年"最怕光和声响，这样"年"被吓走了。新一年，人们都能平平安安。

★ **附绘本故事：《春节》**

很久很久以前，有只怪兽名字叫"年"。它头上长着犄角，全身披着鳞片。它比大象还大，比老虎还凶猛，样子十分可怕。每到除夕这天，"年"兽就会跑到村子里来糟蹋牛、猪、马、羊和鸡、鸭、鹅等，甚至还会吃人。

一年除夕，"年"兽又来了。一个年轻人拿起锄头愤恨地说："与其让它吃掉，还不如和它拼了！"说着，他举着锄头冲过去，一下子砸在"年"兽的头上。可是，不但没有伤到"年"兽，还把它惹怒了。"年"兽瞪着大眼，张着大嘴，向年轻人扑过去。旁边的几个年轻人连忙跟上去帮忙。可是，他们都不是"年"兽的对手，一个个都被"年"兽吞进了肚子里。此后，"年"兽变得更凶恶了，因此，每到除夕这天，人们就会扶老携幼，赶着牛羊，逃到村外的山洞里躲避。

有一年除夕，村里的人们正忙着收拾东西上山避难，这时从村外来了个乞讨的老头。人们有的封窗、锁门，有的收拾行装，有的牵牛、赶羊……都忙着去逃难。他走了大半个村子也没要到一点食物。当他来到村东头时，遇到一个老婆婆。老婆婆给了他一些食物，并告诉他，"年"兽就要来了，快上山躲一躲吧。可是，这个老头却坐在门口，不慌不忙地吃起了老婆婆送给他的食物。好心的老婆婆又上前劝他赶紧逃命，可他却捋着胡须大笑起来，边笑边说："婆婆，如果让我在你家待一夜，我一定把'年'撵走。"老婆婆以为他在说疯话，但无论怎么劝说，他都不肯离开。老婆婆只好留下他，随村里人一起上山逃难去了。半夜时，"年"兽闯进村子里。它发现村子里的气氛与以往不同：村东头老婆婆家的门上贴着大红纸，屋里点着蜡烛，院里亮着火把。"年"兽小心翼翼地来到门口,突然院内传来了"噼里啪啦"的炸响声,"年"吓得浑身发抖,不敢向前迈一步。这时,大门打开了,一个身披红袍的老头哈哈大笑着从院里走了出来。"年"兽大惊失色,狼狈地逃出了村子。原来,"年"兽最怕红色、火光和炸响声了!第二天,逃难回来的人们见村里安然无恙,感到十分惊讶。老婆婆这才恍然大悟。原来,乞讨老头是到人间帮助人们驱逐"年"兽的神仙。从此,每年的除夕,家家贴红对联、燃放鞭炮,户户灯火通明,守岁熬年。这些风俗越传越广,现在成了我国民间最隆重的传统节日——春节。

对不起　没关系

设计:杨丽坤

适合年龄:中班

设计思路

　　生活中孩子难免发生矛盾或是碰撞等,通过幼儿园"书香"特色课程中班主题"谦和好礼"的深入思考,我们将"对不起,没关系"这首歌曲放进课程中。向孩子们传达伙伴间可以主动说"对不起"、"没关系"。经常使用礼貌用语,是"谦和好礼"的基础。

活动目标

　　1. 欣赏歌曲,理解歌词。

　　2. 体验同伴间谦和有礼相处的融洽氛围。

活动准备

　　经验准备:日常生活中发生矛盾时引导幼儿使用礼貌用语:"对不起"、"没关系"。

　　物质准备:音乐、图片(小朋友发生了碰撞)。

活动过程

一、观察图片,引出:"对不起"、"没关系"

　　——图片上有谁?发生了什么事?他把人撞到了应该说什么?

　　小结:当我们撞到别人或是做错事情了,我们要对朋友说:对不起。这么多人在一起难免会碰到,被碰到的小朋友要大方一些,可以说一句:没关系。

二、欣赏歌曲,初步感受歌曲

　　——你们听到儿歌里念了些什么?

　　——我们一起来唱一唱这首歌吧(幼儿自由跟唱、自由表演)

三、经验迁移:我们还有什么时候要说:"对不起"、"没关系"

　　——我们什么时候也要说"对不起"和"没关系"?你还知道哪些也是讲礼貌的话?

　　小结:原来还有这些地方我们需要说对不起、没关系。当我们做错事情的时候我们就对朋友说一句:对不起。另一个小朋友也要大度地说一句:没关系。礼貌宝宝到哪里都受到欢迎,都能交到更多的好朋友。

我和小朋友在一起做游戏,

一不小心我把他绊倒在地。

我急忙扶起他说声"对不起",

他笑着对我说"没关系"。

龙的传人

设计:颜文琼

适合年龄:中班

设计思路

众所周知,龙是中华民族的图腾,上下几千年,龙已经渗透到了中国社会的各个方面,成为了一种文化的积淀,也成为了中国文化的象征。结合绘本和节日的气氛,让"龙"也能在幼儿园舞动起来!

活动目标

1. 了解中国龙的特征,知道中国龙的由来。

2. 知道自己是龙的传人,并感受中国人赋予龙的吉祥意义。

活动准备

物质准备:幼儿在家长帮助下搜集有关龙的图片和物品;舞龙视频;鞋盒若干。

经验准备:已阅读绘本《龙来了》。

活动过程

一、说说龙的特征

1. 导入:"舞龙"视频

——他们在干什么? 你们在哪里看到过"舞龙"?

2. 幼儿欣赏"中国龙"形象

——你们都看过"舞龙",请你说一说龙的样子,它的各个部位都像哪些动物?

小结:龙有像蛇一样灵活的身体、美丽的鹿角、鹰的爪子,非常神气。

二、了解龙代表的意义

1. 听一听龙的由来,了解中国人赋予龙的吉祥意义。

——你知道哪些关于龙的故事,和我们大家分享一下。

小结:古代的祖先爷爷遇到干旱时,(干旱就是很久没有下雨,土地都干裂了,植物都要干死了)就求老天爷快点下雨,打雷的"隆隆声"和"龙"发音很像。所以龙是古代祖先想象出来的动物。大家把美好的愿望都寄托在龙身上,龙寓意着吉祥。

2. 请幼儿介绍一下自己收集的和龙有关的物品。

——请你介绍一下带来的关于龙的物品，说说看你的"龙"在哪里。

小结：很多古代物品上留下"龙"的图案，有崇敬的含义；而现在很多物品上有"龙"的图案是复古，传播中国传统文化；还有些物品上印有"龙"的图案，变成一种时髦的装饰。

3. 知识拓展

——教师出示奥运会上龙服的图片，说说为什么要在他们的运动服上印"龙"的图案？

小结：这几位叔叔是奥运冠军，他们代表我们中国乒乓队征战奥运，获得了金牌。他们身上所穿的就是中国队的奥运龙服，我们中国人对龙特别地崇拜，我们是龙的传人。

三、舞龙

幼儿人手一个鞋盒，手拿鞋盒放在头上，教师手持"龙珠"，大家一起跟着音乐"舞龙"。（播放背景音乐）

——身为龙的传人，当然都要会"舞龙"啦，我们也来试一试吧！

★ 附活动照片

图 5-7　龙的传人

美丽的手帕

设计：刘耘利

适合年龄：中班

设计思路

印染这一中国民间传统工艺有着非常悠久的历史，随着时代的发展，技术的提高，印染有了相当高的水平，而手工的印染却越来越少，孩子们更是少见。结合幼儿园的"书香"特色课程的开展，我们将最简单的手工印染引入课堂，通过欣赏并自己动手进行印染,激发幼儿对印染的兴趣。

活动目标

1. 了解并认识渐变色,初步尝试进行印染。

2. 参与传统美术活动,运用印染材料,感受中国传统工艺之美。

活动准备

物质准备:色彩娃娃小卡片 8 个;每人一个"色彩娃娃"胸前饰配;每一组红色与粉红、黄色与浅黄、绿色与浅绿、蓝色与浅蓝的颜料各 1 个;每人一条白手帕。

经验准备:认识红色与粉红、黄色与浅黄、绿色与浅绿、蓝色与浅蓝,能准确说出它们的名字。

活动过程

一、认识同类色

1. 游戏:找朋友

——今天有很多色彩娃娃来和我们做朋友,看看,都有哪些色彩娃娃呀?

——红色娃娃说:"大家好,我是红色娃娃,我有一个好朋友,它和我长得很像,你们能帮我找到它吗?"(请幼儿寻找)

——红色娃娃找着粉红。"两个好朋友,牵手抱一抱。"

2. 用相同的方式寻找渐变色。

3. 小结:渐变色是指物体的颜色由深转浅或从一个色彩缓慢过渡到另一个色彩。在我们印染的时候,就会出现颜色的渐变,从深到浅。

二、观看印染手绢

1. 教师展示图片

——瞧,色彩娃娃把白色的手帕装扮成了五颜六色的,真漂亮!

——色彩娃娃是如何进行装扮的呢?

2. 教师演示印染手帕的方法

——我们一起来看看色彩娃娃怎么把白色的手帕装扮得这么漂亮的。

——将白色手帕对折三次,折成三角形,然后用三个角分别蘸上不同的颜色,最后打开晾干。

三、幼儿尝试印染手帕,教师巡回指导

1. 对折手帕,进行印染,打开后晾干。

2. 过程中关注孩子们的操作。

3. 引导幼儿观察渐变色的变化。

四、作品分享

介绍自己的作品,说说制作过程中遇到的问题,并能观察到手帕上渐变色的变化。

图 5-8　美丽的手帕

美味的南瓜团子

设计：乐益融

适合年龄：中班

设计思路

中华美食，天下文明。幼儿园"书香"特色课程中班"中华美食"主题，结合了具有传统特色的绘本《大南瓜》开展系列活动。书中的绘画风格很"中国风"，制作的各种南瓜美食也很具有中国特色，十分符合中班幼儿的年龄特点。在活动中，幼儿在老师的协助下，一步一步学习南瓜团子的制作方法，体验制作美食的乐趣和辛苦，从而在制作过程中感受中华美食文化。

活动目标

1. 了解南瓜团子的制作方法，尝试自己动手制作南瓜团子。

2. 乐意分享自己做的南瓜团子，体验中华美食文化。

活动准备

物质准备：图画书《大南瓜》、制作过程的图片、南瓜团子的原料（如：煮熟的南瓜、米粉、温水、白糖）、制作工具（干净的小木棍、干净的托盘）。

经验准备：阅读过图画书《大南瓜》。

活动过程

一、回忆故事导入

1. 引发对南瓜团子制作过程的回忆。

——我们看过《大南瓜》，书中奶奶用南瓜做了很多好吃的南瓜团子，她用了哪些材料，是怎么制作的？

2. 教师根据幼儿回答，展示相应的图画书画面。

二、图片排序，梳理制作过程

1. 提供南瓜团子制作过程图片，请幼儿将图片排序。

2. 交流：用了哪些材料？有哪些步骤？

3. 集体验证：我们一起来看看谁的方法好？谁的方法需要调整？

4. 小结：做南瓜团子需要熟南瓜、米粉、糖、水，将这些材料混在一起和成面团，用面团捏出一个个小圆球、压上花纹、放上葡萄干，放上锅里蒸熟就可以了。

三、幼儿自制南瓜团子

1. 教师示范制作：和面、加水、加粉。

2. 幼儿洗手后提供制作原料，教师巡回观察和指导。

3. 制作完成的南瓜团子放在托盘上，交给厨房阿姨蒸熟。

4. 请先制作完成的幼儿介绍经验：做的时候碰到了什么问题？怎么解决的？怎么才能做得更像南瓜？

5. 没有制作成功的幼儿吸取经验后重新制作，教师有针对性地指导帮助。

四、分享品尝

幼儿分享、品尝自己制作的南瓜团子。

★ 活动延伸

请家长配合在家庭内提供幼儿制作的机会，幼儿邀请家长品尝自己制作的南瓜团子。

第三节 大班活动方案

跳房子

设计：景荟新

适合年龄：大班

设计思路

　　教师在家长群里发布了"大班民间游戏主题活动"的信息之后，爸爸妈妈、爷爷奶奶都非常踊跃，给孩子们讲了自己儿时玩过的游戏。于是，我们准备了骑竹马、斗鸡、放鞭炮、滚铁坏等等的游戏视频，请孩子们看一看、说一说。我们发现，孩子们对"跳房子"这个游戏特别感兴趣，于是就设计了这次的活动。

活动目标

　　1. 了解民间游戏"跳房子"的基本规则，尝试分开跳、合拢跳、单脚跳。

　　2. 体验民间游戏的乐趣。

活动准备

　　1. 准备跳房子的视频，制作多媒体课件。

　　2. 布置跳房子用的场地。

　　3. 请家长给孩子们讲一讲自己童年时的游戏。

活动过程

一、导入

　　——孩子们，视频里播放的游戏你们玩过吗？（播放"跳房子"的游戏视频）

　　小结：这个游戏的名字就叫做跳房子，是爸爸妈妈小的时候经常会和邻居家的小朋友一起做的游戏。老师小的时候也常常会用粉笔在院子里画上这样的格子和朋友们一起玩。

二、游戏

　　1. 教师播放跳房子的游戏视频，请幼儿仔细观察。

　　——这座高楼里有这么多层楼，有的楼层有两个房间，有的只有一个房间，视频里的小朋友分别是怎样跳的呢？

　　小结：原来两个房间的楼层要把双脚分开跳，一个房间的楼层要把双脚并拢跳！

2. 试试跳房子

先由教师示范跳,再请个别幼儿尝试,然后大家排队跳房子。

★ 活动延伸

回家或去户外场地可以用粉笔画出房子,并请孩子们跳一跳。能力较强的孩子可以尝试将双脚合拢跳改为单脚跳。

采茶舞

设计:倪晓俪、沈蕾

适合年龄:大班

设计思路

"采茶"这首曲子分为四个乐句,讲述了春光明媚,采茶姑娘高高兴兴走到茶园,忙着采茶的欢快场面。音乐节奏欢快,每一句都以长音结尾,让幼儿比较容易地区分乐句。为了能进一步深化对茶的认识,表达幼儿的内心体验,我们设计了这个活动,让幼儿进一步体验茶文化。

活动目标

1. 欣赏并熟悉采茶的音乐旋律,尝试根据图片中采茶女的动作学习采茶动作,创编采茶舞。

2. 进一步了解茶文化,体验舞蹈的乐趣。

活动准备

物质准备:采茶舞音乐、采茶图片和视频、《采茶舞》的多媒体课件。

经验准备:初步认识生活中常见的茶。

活动过程

一、引发兴趣

——小朋友,看看老师手里拿的是什么? 你们都知道茶树生长在什么地方?

小结:绿绿的茶树生长在高山上,那儿云雾缭绕,在阳光和雨露的滋润下,茶树在春天发出了嫩嫩的绿芽。

二、初步了解采茶,并欣赏舞蹈旋律

1. 介绍采茶知识

(放映多媒体,采茶舞为背景音乐)

——茶树是生长在江南的一种植物,它很矮,高度大概到成人腰的部位,一排一排地生长,排之间有空隙,方便人走在中间采茶叶,为了能喝到又鲜又香的茶叶,人们通

常都是采树尖上的叶子,最嫩的地方,所以要用大拇指和食指来摘,然后把它放到篮子里。

2. 欣赏音乐

——刚才我们在观看采茶工工作的时候听到一段好听的音乐,这段音乐就是《采茶》,我们再仔细听一遍,说说音乐听起来感觉怎么样?

——请大家再听一次,可以跟着音乐用你的身体拍打节奏。

——刚才的三段音乐配了三张图片,你们觉得可以怎么排列顺序,为什么?

小结:采茶舞的旋律欢快,表现了采茶姑娘忙碌的场景。旋律的三段音乐分别是:上山—采茶—丰收。

3. 初步学习舞蹈

——听着音乐,看看视频,采茶姑娘正在做什么?她们又是怎么做的?请幼儿模仿采茶动作,请大家学一学。

——阿姨们是怎样采茶的?手指是怎样的?身体动作又是怎样的?

三、尝试创编《采茶》律动

1. 第一段舞蹈创编:上茶山

——想象人们是怎样上茶山的,用怎样的动作来表现呢?看到了茶山人们又是用怎样的动作表现高兴的心情?

幼儿创编动作、教师提升并集体学习上山的舞蹈动作"踏步"、"左右分合手"。

2. 第二段舞蹈创编:采茶

——引导幼儿表现上摘、下摘、拨开树丛等多种采茶的动作。

幼儿创编动作、教师提升并集体学习采茶的舞蹈动作:采茶时手腕动作以及不同方位的肢体表现。

3. 第三段舞蹈创编:丰收

——引导幼儿体验人们采茶后丰收的喜悦心情,想象人们是怎样将茶叶与同伴分享的,用怎样的动作表现丰收的情景?

幼儿创编动作、教师提升并集体学习丰收的舞蹈动作:两人合作表演。

四、尝试完整表演

1. 幼儿随音乐自由创编,完整大胆地表演。

2. 请部分幼儿在小舞台展示。

五、延伸

将音乐和头巾道具投放至"小舞台",在区角以及自主角色游戏中幼儿可以继续创编表演。

图5-9 采茶舞

暖暖的中秋

设计：杨丽坤

适合年龄：大班

设计思路

中秋节是我国的传统节日，在这个节日里家家庆团圆，祭月、赏月、吃月饼……这一主题符合幼儿的生活经验，是幼儿熟悉、感兴趣、又具有教育价值的。我们通过调查表的方式，引导幼儿了解中秋节的不同庆祝习俗，感受中秋节的蕴意，传承民族文化。

活动目标

1. 能围绕调查表上的内容介绍自己的中秋家庭活动，愿意与同伴分享自己的快乐。

2. 通过活动感受中秋节的蕴意和家庭的温暖与美好。

活动准备

物质准备：幼儿填写完成的"快乐中秋"调查表（教师可以事先将幼儿的调查表扫描或者拍照放到电脑中，在分享环节展示）。

经验准备：开展过我喜欢的家庭活动的讨论。

活动过程

一、快乐的家

1. 导入活动

——上次我们已经回家和家人一起完成了调查表"快乐中秋"，我和你们一样也完成了调查表，先来看看我的中秋节的家庭活动吧！

2. 教师出示并介绍自己的调查表

——你能看懂我的调查表吗？（幼儿根据调查表内容说说自己的看法）

——这些就是我最喜欢的中秋节家庭活动，下面也请你们来介绍你们的调查表吧。

二、分享快乐：说说我们的中秋家庭活动

1. 幼儿讲述调查表

——现在请小朋友带着你的调查表上来跟大家分享一下，你和谁在一起做什么事？

——其他的小朋友看看有没有和你一样的家庭活动。

小结：中秋可以和爸爸妈妈及爷爷奶奶一起吃团圆饭、赏月、吃月饼、吃毛豆……

三、请你猜一猜

将调查表名字遮盖，请四位幼儿共同展示调查表并介绍自己的中秋家庭活动，请小朋友们猜一猜介绍的是哪一幅图。

小结：小朋友们一起分享了那么多有趣的和家人的开心时刻，每一个家庭活动你们都玩得很开心，和家里人在一起真幸福啊！回家以后可以和家里人一起试一试今天其他小朋友的有趣活动，让我们的家变得更快乐！

★ 附调查表

快乐中秋

小朋友，中秋节你在家里喜欢和家人一起做什么呢？试着用图画或者照片来表现吧。

中秋节我们一起……	和谁一起

剪纸：双鱼

设计：乐益融

适合年龄：大班

设计思路

剪纸是我们中国的"非物质文化遗产"之一，是一种装点生活的民间艺术。大班幼儿小肌肉发展迅速，已经能够较为熟练地使用剪刀进行艺术活动。通过系列剪纸活动的体验，让幼儿感受剪纸艺术的魅力，感受剪纸的乐趣。

活动目标

1. 初步感受剪纸艺术的魅力,了解剪纸的基本步骤。

2. 欣赏与实践结合,体验剪纸的乐趣。

活动准备

课件、剪刀、剪纸。

活动过程

一、欣赏剪纸

1. 播放课件

——今天老师带来了很多的剪纸作品,我们一起来欣赏一下吧。

2. 欣赏剪纸

——我们欣赏了那么多的剪纸作品,请你来说一说你最喜欢哪一个剪纸作品,为什么?(引导幼儿尝试猜猜剪纸作品的名称、用途)

二、学习剪纸"双鱼"

1. 出示其中两幅剪纸作品

一幅是"双鱼"剪纸,一幅是圆形剪纸。

2. 讲解剪纸重点

——比较一下这两幅剪纸作品,猜猜需要怎么折纸?

——需要折几次?

——剪纸之前还要做什么事情?

——剪的时候还要注意什么事情呢?

小结:"双鱼"剪纸作品需要对折,圆形剪纸需要对折好几次;在剪纸之前先要想好怎么剪,有的还需要先在纸上画上图案或线条,在剪的时候一定要仔细地剪,全部剪完才能打开来。

三、幼儿操作

1. 剪纸要求

(1)请幼儿根据自己的兴趣,可以选择刚刚课件里看到过的剪纸作品,也可以是自由创作。

(2)请根据刚才讨论的剪纸步骤进行剪纸。

(3)在剪纸过程中,把剪下来的废纸放到桌子上的垃圾篮里。

2. 幼儿自由剪纸,教师巡回指导

3. 分享和交流作品

(1)把剪好的作品粘贴到黑板上。

(2)幼儿介绍自己的剪纸作品。

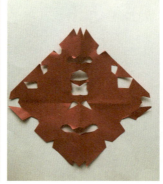

图 5-10　剪纸：双鱼

我是小巨人

设计：朱永娣

适合年龄：大班

设计思路

"踩高跷"是民间盛行的一种群众性技艺表演，是中国民间传统体育游戏之一，趣味性、娱乐性高。在幼儿园开展这样的民间游戏活动，不受活动场地的限制，还能丰富幼儿园游戏的活动形式。"踩高跷"活动，需要掌握保持身体平衡的方法，对孩子平衡能力的发展，有一定的辅助作用。

活动目标

1. 尝试踩高跷往前走，保持身体平衡。
2. 感受传统民间游戏活动的乐趣。

活动准备

与幼儿人数相同的高跷。

活动过程

一、活动导入

幼儿散点式队形，在教师的带领下听音乐做热身运动。

二、探索体验

1. 出示高跷，请小朋友尝试怎样玩高跷。需要注意什么问题？

2. 幼儿自由探索玩法。

3. 可以请个别幼儿演示，并鼓励其他幼儿尝试这种玩法。

4. 探索尝试、练习踩高跷。

三、游戏：我是小巨人

1. 介绍玩法

今天我们要来玩一个"我是小巨人"的游戏，两只脚踩在高跷上，两手分别抓住固定在高跷上的绳子，双脚交替往前走，看谁走得又稳又快。

2. 个别示范

请个别幼儿示范"踩高跷"的方法，引导幼儿仔细观察，发现动作要领：用脚心踩在高跷上，双手拉直绳子，保持身体平衡。

3. 幼儿在场地进行自由练习。

★ **活动延伸**

待幼儿能较为熟练掌握高跷后，可以走方格、走曲线、跨障碍等，逐步提高活动难度。

京剧脸谱

设计：朱永娣

适合年龄：大班

设计思路

京剧作为我国的国粹，在国内外享有很高的声誉。我园开展幼儿园"书香"特色课程，京剧应该是其中不可或缺的内容。本次的活动中，选取了一段有代表性的京剧曲目《霸王别姬》，让孩子们在欣赏此曲的过程中，简单了解京剧脸谱的特殊含义，初步掌握京剧脸谱的基本特征和画法，从而激发幼儿对民族文化京剧的兴趣。

活动目标

1. 欣赏、感受京剧，初步了解京剧脸谱颜色所代表的特殊意义以及对称、夸张的特点,并学习根据脸谱的特点进行脸谱创作画。

2. 能初步产生对京剧脸谱的认识兴趣和热爱民族文化的情感。

活动准备

1. 一些京剧图片,各种不同颜色的脸谱。

2. 京剧选段《霸王别姬》。

3. 视频:演员画脸谱。

4. 相应的绘画材料。

活动过程

一、引入话题

——今天老师来请小朋友欣赏一段视频,请小朋友看完后告诉大家,电视里放了些什么?(京剧《霸王别姬》)你们在哪里看到过?

小结:京剧是一种很特别的艺术,只有我们中国才有京剧,有很多外国人对我们的京剧感兴趣,京剧是我国的传统艺术,是我们国家的国粹。

二、分享交流

1. 观察舞台上京剧的人物(服装、脸谱、唱腔)

——你们知道京剧吗?

——京剧表演中都有哪些表演人物呢?(生、旦、净、丑)

——他们身上穿的,头上戴的,脚上穿的都和我们不一样,他们脸上的化妆是不是也不一样啊?

小结:在京剧表演中,男性人物叫做"生",女性人物叫做"旦"。以唱为主的大花脸叫做"净",扮演小丑的滑稽人物叫"丑"。

三、分辨脸谱

1. 认识京剧脸谱(给幼儿看四个颜色的脸谱)

——他们的脸为什么画的不一样呢?

——不同颜色的脸谱分别代表什么含义?

小结:在京剧里面一种颜色,就有一种意义,是代表了那个角色的个性,或者性格,(红:忠诚;黑色:正直;黄色:凶狠残暴;蓝色:粗豪暴躁。红脸和黑脸一般代表好人,白脸和蓝脸代表坏人。)

2. 播放演员画脸谱(视频)

——视频里的演员是扮演什么角色?

——他们是如何画脸谱的,先画哪里再画哪里?

——他们为什么要按这样的顺序来处理妆面?

小结:演员扮演的是老生,画脸谱的顺序是"打底"、"定位"、"勾轮廓"、"填黑"、"勾画细节",这样的顺序是为能覆盖演员原来的皮肤,在脸上完整呈现角色的脸谱。画脸谱也和我们画画一样,要先构轮廓,再填颜色。涂色的时候也是先画深色再画浅色,避免颜色互相晕开,颜色变脏。而且脸谱的图案都是对称的。

四、画脸谱,教师巡回指导

1. 幼儿选择喜欢的脸谱

2. 幼儿创作,教师巡回指导,关注幼儿脸谱对称特征的表现

3. 脸谱分享

★ 附作品

图 5－11　京剧脸谱

曹冲称象

设计：乐益融

适合年龄：大班

设计思路

　　在大班"有趣的水"的主题下,教师和孩子们一起分享了我国古代的经典故事《曹冲称象》。结合我园"书香"的特色,我们充分挖掘故事中蕴含的科学和人文价值。活动中鼓励幼儿敢于实践故事中的方法,并在实验的过程中发现问题、思考问题并尝试解决问题,鼓励幼儿共同探索和交流。实验中渗透了"测量"的概念。平时我们用秤来测量物体的轻重,"秤"是一种世界通用的标准量具。在这个活动中,我们使用了"非正式量具测量"的方式,把石头、积木作为"砝码"的替代物,从而也可以清楚知道不同物体之间的差异量(即差了几块积木的重量),这比起我们用手去掂量、比较物体重量来得更精确。

活动目标

1. 进一步理解"曹冲称象"的故事,尝试用等量替换(化整为零)的方法称重。

2. 乐于动手动脑探索解决问题的方法,能与同伴合作、交流。

活动准备

1. 物质准备:称重步骤图片、教学 PPT;实验材料:塑料盒、水、橡皮泥、各种物品、形状大小一致的小积木、不同颜色的油性笔、记录纸。

2. 经验准备:已经了解《曹冲称象》的故事。

活动过程

一、回顾故事,梳理称重方法

——《曹冲称象》的故事中,曹冲是用什么方法称出大象的重量? 这里有四张图片,你能说说先做什么? 后做什么?

小结:曹冲给大象称重,先把大象牵上船,然后在船舷齐水面的地方做记号,接着把大象牵下船,往船上装石块,石块放到水面与标记齐平的位置,最后,称出船上所有石块的重量,就是大象的重量了。

二、幼儿初次实验

1. 这里有很多我们身边熟悉的材料,看看哪种材料可以代替大象、石头和小船呢? 让我们用这些材料来试一试曹冲称象的方法吧。

2. 幼儿尝试

(1)两个幼儿为一组进行实验,提醒幼儿记录刻度的时候要仔细。

(2)实验结束后说一说:你们是怎么实验的? 在实验中遇到什么问题? 如何解决的?

3. 分享与交流

(1)你们是怎么实验的? 小结:用不同材料分别替代大象和石头,按照步骤一步一步做,最终称出了大象的重量,你们可真棒!

(2)你们在实验过程中遇到什么问题? 如何解决的?

小结:同样的实验材料,如果在实验过程中"船"没能保持水平,记录的时候划线不仔细,实验结果就会产生不同。看来实验的时候要像科学家那样特别仔细,放橡皮泥和积木都要注意保持"船"的水平,做记号的时候要划在水面和船舷齐平的位置,这样就会更精确了。

三、幼儿再次实验

1. 幼儿尝试

(1)这次老师要挑战你们哦,请你们来称一称生活中常见物品,每组可以选择 1 样,用刚才你们在实验中解决困难的好方法再去尝试一下。

(2)把实验结果记录下来。看得懂记录纸么? 可以怎么记录?

2. 交流记录纸

（1）这一次，你们都称出了新的物品的重量了吗？有没有遇到困难？是怎么解决的？

（2）看看我们的实验结果记录，哪个物品最轻？哪个物品最重？为什么？

小结：我们把这些东西都转换成积木，数数积木的数量就知道它的重量。用的积木越多说明物体越重，用的积木越少说明物体越轻。

★ 活动延伸

在我们生活中，经常会用到各种各样的秤，你看到过这些秤吗？你在哪里看到过？它们可以称什么？

指南针本领大

设计：陆瑾

适合年龄：大班

设计思路

　　指南针是古代劳动人民在长期的实践中对物体磁性认识的结果。作为中国古代四大发明之一，它的发明对人类的科学技术和文明的发展，起了无可估量的作用。大班的孩子对方向开始有所感知，能借助一些简单的技巧开始辨别方向。在此基础上，在幼儿园"书香"特色课程"四大发明"主题中设计本次内容，让孩子们在游戏中体会"小工具"的"大作用"。探索指南针的秘密，令他们兴奋与满足。

活动目标

　　1. 学习在不同的地理位置中寻找方向，加深对指南针的认识。

　　2. 知道中国人很聪明，为自己是中国人而自豪。

活动准备

　　PPT、指南针若干。

活动过程

一、小熊送快递

　　——有一只小熊，他找到了一份新工作——快递员。他非常喜欢这个工作，可以给小动物们送去快乐。只是小熊有一个小麻烦，就是小熊不认识方向，一到"动物村"送快递就迷路，这不，小熊又给几个快递难住了。

　　快递任务一：小鸡的快递——小鸡家在"动物村"的西边小河边。

　　快递任务二：小马的快递——小马家在"动物村"中大槐树的南面。

　　快递任务三：看不清名字的快递——这个快递的主人住在"咖啡馆"的东面。

小结：小熊在送快递的过程中遇到问题，因为小熊不认识方向。方向分成"东、西、南、北"，只要找到参照物，并根据提示的方向就可以找到要找到的地方。

二、探索指南针

——刚才小熊在小朋友的帮助下，顺利完成了"动物村"的快递。这回加大难度，在教室里，没有地图，没有提示，你怎样辨别方向？

1. 幼儿讨论交流

小结：在没有参照物、没有地图的时候，我们需要使用指南针来辨别方向。

2. 指南针的奥秘

（1）玩磁针，探索指南针的秘密。

（2）磁针为什么红色总是指在南面？

（3）知道"南"后，是否能找到其他的方向呢？

（4）小结：指南针是古代劳动人民在长期的实践中对物体磁性认识的结果，是中国古代四大发明之一。在中国古代，指南针起先应用于祭祀、礼仪、军事和占卜与看风水时确定方位。找到"南"后，可以推测出其他几个方向。

3. 游戏：我在哪？

带着指南针在幼儿园的不同地点，观察指南针的变化，辨别方向。

★ 活动延伸

1. 在区域中学用指南针，让幼儿在活动室中找"南"，进一步探索指南针指南的现象。

2. 在区域活动时，探索磁铁之间的相互作用，引导幼儿发现吸引和排斥的现象。

第六章

"书香"特色
精彩案例

　　本章是课题组在一些中国传统节日和日常活动中探索出来的"书香"特色精彩活动·经过老师们的再思考写成了一篇篇案例。中国传统节日案例呈现了小、中、大班不同年龄段的内容·其他经典活动也很有代表性和启发性。

第一节 中国传统节日案例

元宵节（小班）

设计：景荟新

◎ **选材中所体现中华传统文化的核心价值**

元宵节不仅留存了中华文明中的民间习俗和文化内核,也是阖家团圆交流感情的良宵佳节。幼儿园"书香"特色课程"元宵节"主题,从小班小朋友的年龄特点出发,选取了孩子们喜欢的听故事、闹花灯、说吉祥话等元宵节活动为载体,激发孩子对传统文化的兴趣。

◎ **选材发展幼儿的核心经验**

社会领域:了解社会文化,培养幼儿对本民族文化的好奇心、观察的兴趣、积极的情感和自信心。

语言领域:愿意在熟悉的人面前独自讲述自己熟悉或喜欢的事物,能够直观地讲述事物特征,尝试描述照片上的人是谁、在做什么。

◎ **本年龄段的相关年龄特点分析**

有强烈的好奇心,对周围的事物充满浓烈的兴趣;已经形成与生活经验有关的概念;愿意和小朋友一起游戏,愿意与熟悉的长辈一起活动;能用简单的语言表达自己的感觉与需要;产生美术表现的愿望。

活动总目标

1. 初步了解元宵节,以及元宵节的传统活动,如吃元宵、闹花灯、舞龙舞狮等。
2. 感受节日的喜庆氛围,享受亲子的温馨时光。

活动的设计

活动一：元宵童乐会

活动目标

1. 听听元宵节故事，了解元宵节的民俗。

2. 感受节日氛围，享受亲子时光。

活动准备

1. 募集家长志愿者，并沟通活动事宜。

2. 请家长带来孩子过年期间的照片。

3. 相框和装饰材料。

活动过程

一、说说元宵节

请几位家长志愿者为孩子们讲解元宵故事和文化。

小结：哇！妈妈老师讲得真好！元宵节里我们都要做什么呢？吃汤圆、赏花灯、猜谜语、舞大龙，你们记住了吗？

二、讲讲你的春节故事

请幼儿分享自己的春节照片，并讲一讲照片中的故事。

小结：你们的春节过得真精彩！希望你们把这些快乐的瞬间永远记在心里！

三、装点春节照片

请幼儿利用不同的材料为自己的照片制作漂亮的相框，并用贴纸和画笔装点自己亲手制作的相框，在主题墙上展示。

小结：让我们把这些快乐的瞬间彼此分享吧！

★ 附活动照片

图6-1　元宵童乐会1　　　　　图6-2　元宵童乐会2

活动二：元宵闹花灯

活动目标

1. 尝试在老师和家长的帮助下制作元宵花灯。

2. 享受提灯游园的乐趣。

活动准备

1. 邀请家长志愿者来园支持活动。

2. 制作花灯的材料包。

活动过程

一、看一看、学一学

请家长展示制作花灯的材料和制作的方法。

小结："你们听得真仔细！制作的方法都记住了吗？几个需要注意的地方要当心噢！"

二、试一试、做一做

请幼儿在家长志愿者的帮助下分组进行花灯的制作。

小结：这么多漂亮的花灯诞生啦！

三、提一提、逛一逛

请幼儿在家长志愿者的带领下提灯逛校园，走一走幼儿园的九曲桥。

小结：赏花灯是元宵节的传统习俗，孩子们也可以让爸爸妈妈带你们去城隍庙体验一下元宵灯展的热闹气氛噢！

★ 附活动材料

图 6-3　制作元宵花灯

活动三：学说吉祥话

活动目标

　　1. 学说春节里的吉祥话，相互交流、分享自己会说的吉祥话。

　　2. 感受节日里的喜庆气氛和中国人对于美好生活的向往。

活动准备

　　物质准备：幼儿的节日照片、节日环境创设

　　经验准备：学说几句吉祥话

活动过程

　　一、分享春节照片，说说春节故事

　　请幼儿分享自己的春节照片，说说春节里都发生了哪些有趣的故事。

　　小结：看来你们都度过了一个快乐的春节假期，春节里你们拜年了吗？拜年时要说些什么话呢？

　　二、说说你会的吉祥话

　　请幼儿说一说自己会的吉祥话，尝试理解吉祥话的涵义。

　　小结：吉祥话是我们中国人对于新的一年的美好期望。

　　三、走秀大拜年

　　铺设红地毯，请幼儿走秀，走到红毯前端时给大家拜个年、说句吉祥话。

　　小结：老师也给大家拜个年！希望新的一年孩子们能笑口常开、茁壮成长！

　　★ 附活动照片

图6-4　学说吉祥话

活动分析与反思

系列活动亮点及影响因素

首先，活动紧紧围绕着元宵节这一主题展开，以丰富多彩的形式向孩子们全方位地展现了元宵节的文化和民俗活动，既有讲解环节，也有欣赏环节，同时还加入了孩子们亲手操作和亲身感知的环节，让孩子们动手动脑、益情益智益趣。

其次，本次的活动是循序渐进、逐层开展的。从家长老师来到幼儿园给孩子们讲解，到孩子们动手制作花灯、逛校园，再到孩子们学说吉利话，尝试理解吉利话背后中国人对于佳节的美好期待，逐层深入，从聆听到操作到动脑，各方面的能力都得到锻炼和提升。

最后，这次活动充分地利用了家长资源、调动了家长参与园所活动的积极性、留下了温馨美好的亲子记忆、促进了家园的沟通和合作、也增进了家长对于幼儿园工作的理解和支持。

活动有待调整及影响因素

活动材料的准备方面，还有待思索和重置，通过这次的活动我们发现，在装饰花灯时，由于材料的问题幼儿操作增加了难度。

家长对于幼儿的发展程度不甚了解，在准备活动内容时过于艰深，以至于孩子们不能很好地理解和体会。

调整后的建议

在准备材料时，可以预先请个别幼儿尝试操作，如果操作有难度可以考虑更换活动材料，也符合幼儿的发展水平。

在进行家园活动时，家长由于不了解幼儿的年龄特点，也没有接触过幼儿教育工作，往往难以把握讲解的内容深度和难度，给孩子们的理解带来了困难。如果可以在活动前与家长增进沟通，讲解一些孩子们的年龄特点和接受性，或许可以更好地促进活动的开展，优化活动设计、改善活动效果。

元宵节（中班）

设计：马丽敏

◎ 选材中所体现中华传统文化的核心价值

为了让孩子能更多地了解传统民间习俗，感受到元宵节热闹喜庆的气氛，增强对中华传统文化的认同感和自豪感。中班开展"元宵节"这一主题,突出主题红红火火的核心,通过形式多样的实践,让幼儿真正感受到节日的热闹与快乐。

◎ 选材发展幼儿的核心经验

　　让幼儿知道元宵节的主要习俗是吃元宵、点花灯和猜灯谜。元宵又叫汤圆,它象征着全家团圆,生活幸福甜美。点花灯是为了让节日的夜晚明亮,欢快。人们为了增添娱乐的情趣,还在灯上写上谜语,让大家来猜,猜中有奖,非常有趣。

◎ 本年龄段的相关年龄特点分析

　　1. 喜欢自己所在的幼儿园和班级,积极参加集体活动。

　　2. 知道自己是中国人。

　　3. 能随着作品的展开产生喜悦、担忧等相应的情绪反应,体会作品所表达的情绪情感。

活动总目标

　　1. 知道农历正月十五是我国的传统节日——元宵节,了解元宵节的来历及习俗(玩灯、赏灯、吃汤圆、过桥等)。

　　2. 用语言、艺术、社会实践等不同的形式表达自己的认识与感受。

　　3. 感受与老师、小朋友一起提花灯、猜灯谜、做元宵、读古诗的快乐。

活动的设计

活动一：画灯笼,猜灯谜

活动目标

　　1. 通过绘画灯笼,激发幼儿的创造力及动手操作能力。

　　2. 体验猜灯谜的乐趣,让幼儿真切地感受到传统节日的魅力。

活动准备

　　1. 铅画纸、记号笔、彩色油画棒、剪刀等。

　　2. 老师在班级楼道布置挂饰灯谜。

活动过程

　　一、组织幼儿集体绘画灯笼,幼儿用勾线笔在白色铅画纸上勾画各式灯笼,大胆设计灯笼形状及图案,最后运用彩色油画棒给灯笼涂色。

　　二、灯笼绘画好后,用小剪刀将灯笼轮廓剪下,老师将其作品布置展示。

　　三、教师带领幼儿在走廊一起猜灯谜,老师念谜面,孩子们争先恐后地抢答谜底,答对了领取小奖品。

★ 附活动照片

图6-5 画灯笼

图6-6 猜灯谜

★ 课后延伸

家长来接幼儿放学时,可以继续在楼道看灯谜猜灯谜。

活动二：走走三座桥，红包谜语猜猜乐

活动目标

通过元宵节提灯过桥的体验,让幼儿感受过桥祛病祈福的传统习俗。

活动准备

1. 活动安排召集家长志愿者。

2. 制作好活动当天行走华师大校园里三座桥的路线图。

3. 准备好四份灯谜红包及图章。

活动过程

一、组织家长志愿者与全体幼儿在班级集中,将活动路线图发放给家长志愿者,并且将幼儿分成相应的小组,由家长志愿者带领(3—4人为一小组)。

二、负责在桥上抽取谜语及敲图章的老师提前到指定位置等待。

三、活动正式开始:孩子们在家长志愿者的带领下,手提各式自备灯笼,按照事先的安排地图指示,来到华东师范大学的三座桥,定点的三座桥上分别有老师驻点,每组过桥的幼儿随机抽取红包,老师取出装在红包的谜语,小朋友们猜谜底,猜中的小队,给每位幼儿手背上奖励敲图章。

四、走完三座桥猜好灯谜后,集中到华师大大草坪拍集体照。

图6-7　红包谜语　　　　　图6-8　元宵节提灯过桥

活动三：元宵节古诗

活动目标

通过学习古诗，让幼儿初步了解古人过元宵节的欢乐气氛和场景。

活动准备

元宵节图片及古诗PPT。

活动过程

1. 欣赏元宵节图片，了解元宵节风俗。

2. 播放古诗PPT，引导幼儿感受、理解古诗。

3. 学念古诗，尝试用动作表演古诗。

★ 附古诗

《正月十五夜灯》

［唐］张祜

千门开锁万灯明，正月中旬动帝京。

三百内人连袖舞，一时天上著词声。

精彩案例「书香」特色 第六章

活动分析与反思

系列活动亮点及影响因素

此次活动系列开展，具有连贯性。在"走走三座桥，红包谜语猜猜乐"活动中，利用华东师范大学有利的地理条件，邀请家长志愿者合作参与其中，使活动和校园资源、家长资源相结合，为活动提供有效途径和保证，促使活动的形式更贴近节日特点，激发幼儿园、家长和幼儿之间的互动。

在"元宵节古诗"活动中，孩子们很喜欢朗读此诗，还在课间或角色游戏表演区域的"小剧场"中进行朗读表演。

活动有待调整及影响因素

在家长志愿者参与过程中，由于爸爸妈妈们工作比较忙，来参与的大多数都是老人。活动中，我们老师更多的担心是老人是否带得了这群孩子，即便是分组行动，也有所顾虑。因此，为了活动的安全在行动的时候还是趋于整体行动。

在年级组的楼层布置了灯谜的创设环境，悬挂在梁上，楼道整体效果和美观度虽然不错，但是由于比较高，对中班孩子来说有些困难。

调整后的建议

1. 邀请志愿者家长参与活动，倘若老人居多，可以多几位家长，保证安全。

2. 悬挂灯谜尽可能放低高度，让幼儿更近距离接触灯谜，方便选择、识字、识图等。

元宵节（大班）

设计：陆瑾

◎ **选材中所体现中华传统文化的核心价值**

"元宵节"习俗多种多样，如猜灯谜、吃元宵、拉兔子灯等。此外，不少地方元宵节还增加了耍龙灯、踩高跷、划旱船、走百病等传统民俗。元宵节的文化价值在于它是全民的狂欢节，人人参与，乐在其中。元宵节之所以得以传承，是因为这个节日所蕴含的文化意义：人们通过这些行为表达团圆、和谐、安康的愿望，体现追求美好生活的愿望。

◎ **选材发展幼儿的核心经验**

社会领域：体验亲情，进一步了解家庭关系是重要的人际核心经验。

语言领域：能叙述阅读内容，并在生活中回忆和迁移；对图画书的人物特征、故事主旨形成自己的理解和判断。

艺术领域：感受自然界、生活中与艺术作品中的形式美和内容美。

◎ **本年龄段的相关年龄特点分析**

艺术：艺术欣赏时常常用表情、动作、语言等方式表达自己的理解。

社会：爱祖国，为自己是中国人感到自豪

语言：能说出所阅读的幼儿文学作品的主要内容。

活动总目标

1. 通过制作花灯、猜灯谜、绘本阅读等活动，增进幼儿对元宵节的了解。

2. 感受人们通过"元宵节"所表达的团圆、和谐、安康的愿望，体现追求美好生活的愿望。

活动的设计

活动一：自制花灯

活动目标

1. 在亲子制作花灯的过程中，提高孩子的参与意识和动手能力，激发他们的创造性思维。

2. 感受我国元宵节的喜庆与热闹的气氛，增进亲子之间的情感。

活动准备

物质准备：亲子共同制作彩灯。

经验准备：了解元宵节有赏灯的习俗。

活动过程

一、重视共同参与。幼儿、家长共同收集材料，并共同制作一盏花灯。

——说说你的彩灯是用什么材料做的？

——为什么要做这样一盏灯？

小结：制作花灯所选用的材料以废旧材料、自然农作物等为主，充分发挥幼儿的想象力与创造力。另外，彩灯是和父母一起制作的，选择了大家喜欢的款式，制作出了美观的花灯。

二、结合元宵趣味。每盏花灯都附上一个小谜语，可供幼儿互相猜谜游戏。

——什么是谜语？

——怎样猜谜语？

——幼儿互猜谜语

小结：谜语主要是用文字描述所要猜的事物，它经历了数千年的演变和发展，是中国古代劳动人民集体智慧的结晶。

★ 附活动照片

图 6-9　猜灯谜活动

活动二：走花灯、猜灯谜

活动目标

1. 通过搜集灯谜、猜灯谜的过程，初步理解谜语，增进对中华传统文化的了解。

2. 让学生了解元宵节的来历和风俗，在"走花灯"、"猜灯谜"的活动中，体验传统节日的习俗。

活动准备

物质准备：自制灯笼若干、各种花灯的 PPT。

经验准备：有猜谜语的经验。

活动过程

一、介绍花灯

1. 请小朋友介绍制作花灯所使用的材料。

2. 请小朋友简单介绍制作过程。

3. 请小朋友介绍自己参与制作的花灯特色。

小结：小朋友制作的花灯使用了各种材料，也有不同的风格，小朋友的制作过程也各不相同。

二、认识各种花灯

1. 老师用 PPT 介绍花灯的由来。

2. 花灯的种类。

3. 花灯的作用。

4. 引导幼儿欣赏几款典型的花灯。

小结：中国花灯是多种技法、多种工艺、多种装饰技巧、多种材料制作的综合艺术，花灯种类繁多，有龙灯、宫灯、纱灯、花篮灯、龙凤灯、棱角灯、树地灯、礼花灯、蘑菇灯等，形状有圆形、正方形、圆柱形、多角形等。

三、"走花灯"

小朋友拿着自己制作的花灯到幼儿园里走上一圈，向弟弟妹妹展示的同时，也体验古人提着灯笼"走花灯"的快乐习俗。

★ 附《花灯的传说》

传说在很久以前，有一只神鸟因为迷路而降落人间，却意外地被不知情的猎人给射死了。天帝知道后十分震怒，就下令让天兵于正月十五日到人间放火，把人类通通烧死。天帝的女儿心地善良，不忍心看百姓无辜受难，就冒着生命的危险，把这个消息告诉了人们。众人听说了这个消息，有如头上响了一个焦雷，吓得不知如何是好。过了好久好久，才有个老人家想出个法子，他说："在正月十四、十五、十六日这三天，每户人家都在家里挂起红灯笼、点爆竹、放烟火。这样一来，天帝就会以为人们都被烧死了。"大家听了都点头称是，便分头准备去了。到了正月十五这天晚上，天兵往下一看，发觉人间一片红光，以为是大火燃烧的火焰，就禀告天帝不用下凡放火了。人们就这样保住了生命及财产。为了纪念这次的成功，从此每到正月十五，家家户户都悬挂灯笼、放烟火来纪念这个日子。

活动三：绘本《团圆》

活动目标

1. 通过阅读绘本，了解过年风俗，如贴春联、吃汤圆、舞龙灯等。

2. 让孩子感受团圆的珍贵，体会亲情的温暖，感知父爱和母爱的伟大。

活动准备

物质准备：绘本 PPT。

经验准备：对元宵团圆有所了解。

活动过程

一、阅读准备：通读绘本 1～2 遍

思考：

1. 书里大概讲了一个什么故事？

2. 想一想，自己家是怎么过年的，过年的时候都做了哪些事情？

二、带着问题阅读

1. 边读文字边欣赏图画，看看每一幅图上都画了些什么，上边的人都在干什么？

2. 小主人公叫什么名字？家里有几口人？

3. 爸爸在家都做了哪些事情？你印象最深的事情是什么？

三、边看边读

——爸爸在外面盖房子，每年只回来一次。今天我和妈妈起得特别早……为什么要起这么早？

——毛毛为什么不肯走近爸爸？是她不喜欢看到爸爸吗？

——爸爸理发之后，毛毛有什么感觉？

——后来又和爸爸做了什么事情？（贴春联、包汤圆——了解过年风俗）

——包汤圆的时候，爸爸把什么包进了汤圆，为什么？第二天，是谁吃到了好运币？

——拜年的路上，当大春从口袋里拿出大红包时，你猜毛毛是怎么想的？她怎么做的？

——要下大雪了，爸爸做了什么事？

——大年初二这天，天气怎么样？毛毛与小朋友干什么了？回到家发生了一件什么事情？

——最后好运币找到了吗？毛毛心情怎么样？

——爸爸要走了，爸爸答应再回来的时候给毛毛买一个洋娃娃。毛毛想要洋娃娃吗？她是怎么做的？

四、制作心愿卡

用画笔画下新的一年对家人的祝福和自己的心愿。

★ 附活动照片

图6-10　阅读绘本《团圆》

- - - - - - - - - - - - 活动分析与反思 - - - - - - - - - -

系列活动亮点及影响因素

本次活动与以往的元宵节活动有所不同，更突出了元宵节的深层含义，从元宵节所蕴含的文化意义为切入点。通过节日表达团圆、和谐、安康的愿望。幼儿社会文化教育是指培养幼儿对本民族文化好奇心、观察的兴趣、积极的情感和自信心,创建各种创造性的活动体现社会文化,抓住幼儿社会认知、社会情感、社会技能发展的关键期。因此,在选择元宵节内容的时候围绕着孩子们的核心经验来展开。如亲子制作花灯的活动,就是围绕"感受自然界、生活中与艺术作品中的形式美和内容美"这条核心经验来展开;读绘本,则凸显了大班孩子体验亲情,进一步了解家庭关系是重要的人际核心经验。我们应该抓住孩子的这一人生最佳的教育时期,形成归属感,对社会环境的感知,对家庭、社区、民族、国家的认知,以及对这些群体的认同与自豪。

活动有待调整及影响因素

在活动开展过程中得到了家长们的大力支持,有许多家长配合老师,邀请孩子一同加入到了制作花灯的过程中,如上色、搜集谜语等。但在过程中我们也发现一些孩子没有参与到制作过程中,而是家长大包大揽自己制作完成的。这对于孩子的发展也是没有什么益处的。

在介绍自己制作花灯的环节时间比较长,对别人的作品也只是了解,没有自己尝试制作的愿望。

调整后的建议

1. 在活动之初,要协调家长,明确告知活动的意义,并请家长尊重孩子的意愿,共同参与到制作花灯的过程当中来。

2. 互相介绍花灯的活动,可以安排在孩子们自由活动的时间,互相交流。可以留出一部分时间,了解孩子们最感兴趣的几盏花灯,并尝试自己亲自制作。

清明节(小班)

设计:张金陵

◎ **选材中所体现中华传统文化的核心价值**

春天是利于幼儿户外活动、全身心锻炼的时节,是幼儿全身心接触大自然最好的时间。《岁时百问》一书里所说:"万物生长此时,皆清洁而明净,故谓之清明。"如何让幼儿园小班的孩子们感受此时万物生长、春意盎然成为了"清明"主题小班的重要目标。同时民以食为天,青团就是清明传统节日美食之一,对于小班的幼儿来说,因为青团带来的味蕾的滋养,从而让孩子们在潜移默化中与传统文化有了连接,并与家人一起感受春天的美好。

◎ **选材发展幼儿的核心经验**

社会领域:在活动中能与同伴友好相处、乐于分享、善于合作。建立社会归属感,初步了解清明及清明中开展的活动。

◎ **本年龄段的相关年龄特点分析**

由于小班幼儿的年龄在3—4岁,对生死尚未能有清晰的了解和认识,故没有选取清明祭祖,即对先人、故人的怀念等相关的内容,而是重点落脚在"春天是美好的"上面。

小班幼儿具有具体形象思维的特点,而和家长、同伴合作,一起为风筝涂色、学做青团,既让他们接触到真实的风筝、青团,又能让他们沉浸在力所能及的动手操作乐趣之中。

活动总目标

1. 初步了解清明时节的各种活动,感受春天及中国传统文化活动的美好。
2. 愿意和成人、同伴们一起参与活动。

活动的设计

活动一:彩色清明

活动目标

1. 简单了解清明时节的活动,初步感受毛笔字的魅力。
2. 愿意合作给风筝涂色,喜欢和同伴一起操作。

活动准备

物质准备:宣纸、毛笔、墨汁、白板风筝、颜料及画笔。

经验准备:了解涂色的简单方法。

活动过程

一、看爷爷写毛笔字

——爷爷写毛笔字用了哪些东西啊? 和我们平时写字一样吗?

小结:用了毛笔、墨汁、宣纸和砚台。和我们平时写字不一样。笔墨纸砚这四样宝贝我们称作"文房四宝",这是只有我们中国人写字才会用到的材料。

二、听妈妈讲清明传统活动

——你最喜欢哪一样活动?

小结:妈妈讲了许多不一样、有趣的活动,小朋友和老师最喜欢的都是放风筝。

三、和同伴一起装饰风筝

——这些风筝是什么图案?

——怎么让它们变得好看?

——你打算用什么颜色? 为什么?

小结:小朋友们一起动手合作、商量,把风筝装饰得都不一样,为风筝穿上了漂亮的衣服。

四、同伴互相欣赏风筝

——说一说你喜欢哪一个风筝？

小结：这么多美丽的风筝，明天我们一起去放风筝。

★ 附活动照片

图6-11　看爷爷写毛笔字

图6-12　装饰风筝

★ 附：可以和孩子们一起欣赏的特色风筝图片

图6-13　特色风筝欣赏

活动二：暖暖的清明

活动目标

1. 和同伴及家长外出踏青，观看放风筝，寻找柳花，欣赏芍药。

2. 感受中国传统文化活动的韵味，体会春天的欣欣向荣。

活动准备

物质准备：涂好颜色的风筝、小包和小瓶子、便于运动的服饰。

经验准备：了解放风筝的简单方法。

活动过程

一、看爸爸放风筝

——你们知道风筝是怎样飞到天上的吗？

小结：爸爸是把风筝高高地举起来，然后迎着风快跑，把风筝线再一点点放长，风筝就借着风的力气，慢慢飞上去了。

二、和同伴一起放风筝

——请幼儿自由结对，互相帮助，学着爸爸的样子，或者请爸爸帮忙，一起放风筝。

三、寻找校园里的花儿，闻闻花香

——在幼儿运动休息的间隙，引导幼儿寻找开放的花儿。看一看你们都找到哪些花儿？

小结：春天到了，许多花儿都开放了，有的花儿颜色美丽，有的花儿香气扑鼻，像芍药；但也有的花儿不起眼，像柳花。你们都找到了。不过，花儿好看我不摘哦！这样才能让更多的人看到、闻到。

★ 附活动照片

图 6-14　放风筝　　　　　　　　　图 6-15　闻花香

活动三：甜甜的青团

活动目标

1. 初步了解清明吃青团，简单了解青团的制作过程。

2. 初步感受和同伴学做青团的快乐。

活动准备

物质准备：青麦苗、榨汁机、糯米粉、保鲜膜。

经验准备：知道团面的方法。

活动过程

一、观赏制作青团的原材料

1. 请家长志愿者将新鲜的麦青叶发到幼儿手上，看一看，闻一闻。

2. 将预先煮好的艾叶倒入搅拌机中搅拌均匀。将搅拌好的艾叶汁倒在小杯子里面，再将小杯子拿给幼儿看，让幼儿近距离观察。

——你闻到了什么样的味道？猜猜做好的汁有什么用？

小结：很多小朋友闻到了像小草一样的味道，香香的，这就是麦青的味道；把做出来的汁倒进糯米粉里，就可以做出青团了。我们来看一看外婆和妈妈做好的青团。

二、赏做好的青团

将制作好的青团传给幼儿看，捏一捏，闻一闻。

——和你们吃的青团一样吗？为什么不一样呢？

小结：刚做好的青团是淡绿色的，蒸熟的青团就是我们看到的深深的绿色了。麦青在清明前后长得最好，所以很久以前我们就都喜欢在清明的时候用麦青做青团。

三、看外婆、妈妈做青团

——外婆、妈妈是怎么做青团的？

小结：先把豆沙馅搓成一个一个小球，然后把和好的糯米粉搓成一个大一点的球，接着中间按个洞洞，把豆沙馅放进去，最后再搓圆，一个青团就做好了。

四、向外婆、妈妈学做青团

——幼儿操作，然后比比谁的青团大又圆。

小结：请把做好的青团装在保鲜袋里，下午带回家，请爸爸妈妈蒸熟后再一起品尝。

★ 附活动照片

图 6-16　做青团活动组团

系列活动亮点及影响因素

　　利用清明小长假前的三天工作日，在家长志愿者的积极配合下，连续开展了三天围绕清明的亲子活动。及时根据天气情况，调整了预设的活动安排，取得了很好的效果。具体见家长反馈。

（437）吴菲

是啊，画了好多风筝😊

2018年4月2日 下午5:00

活动反馈：
1.今天的活动，由赵文瑀妈妈讲清明的由来，介绍清明节的习俗。并从清明的习俗引出今天的主题，"涂风筝"。
2.本次活动，将二号楼的活动室变成了一个画风筝的大画室，活动形式饶有趣味，激发了孩子的好奇心，孩子们对风筝涂色活动非常感兴趣。
3.本次活动邀请了赵文瑀爷爷写书法，爷爷还特地穿上唐装，结合"清明"主题，题写"清明、风筝"两个词，让孩子们接受书法和服饰文化的熏陶。
4.原本计划每个孩子画一个风筝，让孩子制作一个属于自己的风筝，但由于一个课桌只能放一个风筝，临时变成了4个孩子一起画一个风筝，完成之后再画第二个风筝。将独立画风筝的形式，变成了共同协作，孩子们分工协作，各据一隅，表现出了良好的团队协作精神。
5.本次活动的志愿者家长，非常认真负责、耐心、仔细地帮孩子们拿颜料、洗画笔，让孩子们开开心心地投入绘画中。

（437）蒋　　妈妈

今天有幸参加了小二班的主题活动——写书法，亲子装饰风筝；在我的小组里有张恩霖，蒋雨琪、熊一宁和萱萱。萱萱宝贝整个涂色的过程非常专注，色彩涂的特别好，而且毛笔的使用方法也非常正确，每次换颜色都记得洗笔，洗完之后还记得在毛巾上蘸一蘸，期间有好几次毛巾被我挪动它用，她还问我毛巾去哪里了……，涂色结束时，萱萱的颜料盒非常的干净，几乎没有混色。恩霖大哥和熊一宁的色彩也涂的很棒，在自己区域的蜜蜂翅膀涂得非常均匀，只是毛笔换色时有时会忘记洗笔，最后自己的调色盘全变成了一个颜色；蒋雨琪的表现也挺不错，没有像我预想的那样一直粘着我，自己会认真听老师和爱笛妈妈讲话，就是没有足够的耐心涂色。我想也许这也真的是我平时教的方式方法有问题，没有让蒋雨琪找到涂色的乐趣，也没有获得成就感，因此会比较抵触。或许换种方式会有不一样的效果……

虞xJ

2018年4月2日 下午9:38

每逢节日学校都会精心策划活动，这次熟悉清明习俗和学做风筝垚垚参与得非常投入，听讲和做风筝都很专注，活动既能满足小孩子的好奇心又激发了动手兴趣，回家她还背了背清明古诗，对节日认识更真切了，谢谢老师们的精心组织。

（437）关　　妈妈杨杰

2018年4月2日 下午6:55

个人觉得这样的活动应该多组织，好处多多，而且也很乐于参与。
1.活动让孩子们了解中国的传统节日，比在家里讲给孩子效果更好。
2.增进了家长之间的交流，家长之间认识了解，关系融洽会促进孩子之间的和谐相处。
3.家长参加幼儿园活动，也会增强孩子的参与感。
4.家长通过参加活动可以理解老师的辛苦。比如今天8个家长3个老师都忙得不可开交。可以想象只有老师3人，负责孩子们的幼儿园生活真是不容易。

（437）袁　　妈妈

2018年4月4日 下午4:24

好的，张老师。此次活动即丰富又十分有意义，无论是组织的过程、后勤还是教育意义上都能看到园方及各位老师和志愿者家长们的良苦用心。小朋友们通过这次活动不但亲近了大自然、了解了节日的由来与内容，还锻炼了自己的动手能力。他们在整个过程中看到、听到、学到了不少知识，在展示自己才能的同时还增强了团队意识。写满好奇、激动、愉悦和自由的小脸庞是最好的证明。于我们家长而言，能反自己主动协助老师和孩子共同参与其中也是非常美好的事，因为通过这次机会也让我们这些志愿者家长们从侧面了解了孩子们平日在班里的日常生活、户外活动以及学习表现等情况，当然还有老师的耐心、专业、认真负责和勤劳无私。我们也希望今后能有更多的机会和这个和谐、欢乐的大家庭同进步、共成长。

放风筝的日子

清明小长假之前的幼儿园已经开始了节日的文化活动。和所有同班的小朋友一样，强强知道了要做风筝、要做青团，还知道要踏青，每天忙忙碌碌，时不时还要指点我去帮他找树根。

放风筝的日子到了，所有的小朋友都盼望了很久，所以出发的时候个个都是兴高采烈，举着亲手制作的风筝往大草坪跑。对于多数小朋友来说，亲自做风筝和放风筝似乎也是第一次。第一次带着同伴的几位小朋友一起来玩耍，作为家长来说也是第一次；好在天气晴朗，惠风和畅，在这关键的一天停止了下雨，十分适合小朋友们的活动。

期初，风筝放飞还颇有难度，随着我们的奔跑，风筝渐渐腾空而起，最后拖着长长的线在空中飘荡。放飞过程中，同组的小朋友先是感到陌生，然后渐渐跟着一起跑了起来，最后纷纷伸手要求拿着风筝的线轴都来尝试一下。才20分钟的时间，所有人都玩得满头大汗，对于三四岁的孩子这运动量真是不小。但是他们似乎也不知道累，放完风筝以后大家还蹦蹦跳跳走了很长的路，收集了花朵和叶片带回去，整整一个上午都在太阳下来回忙碌。

作为家长，参加幼儿园这一次活动还是很有收获。首先是又认识了几位强强的小伙伴，第一次带着他们一起玩还是挺有挑战性的。我想家长如果能多多认识接触自己孩子的同学，可能对孩子的社交模式才能有个进一步认识了解，也方便为小朋友们提供更多的集体活动和成长途径。

另一方面，从小朋友对放风筝的投入程度来看，我个人的感悟是，作为家长，我们对孩子们的体育教育可以有更多的选择思路：低龄段的孩子与其采用严肃的报培训班或者进行技能型的体育项目练习，可能更适合的是纯粹的体育游戏，在类似放风筝等看似与具体体育项目技能无关的活动中，把跑动、跳跃和方向控制等田径基础打好。从他们跑动的持续时间和强度来观察，当孩子们兴趣被激发起来以后，其运动量可能是超出我们成年人预估的。作为教育的重要组成部分，或许我们在体育教育上可以有一些新的启示和方法，帮助他们实现更完整更全面的成长。

（438）王　　爸爸王法硕

2018年4月2日 下午7:14

张老师，转发　　爷爷奶奶的反馈

张老师好！这次参加亲子活动，我和　　奶奶感觉非常好。首先活动策划得好，内容丰富，孩子们通过放风筝，踏青，观柳，找虫虫的过程增长了见识，增加了知识，接近大自然，有利于孩子们的健康成长。其次老师的精心安排，巧妙的问答引起孩子们的兴趣，教教愈乐贯穿始终。另外集体室外活动也培养锻炼了孩子们的集体观念，纪律意识，竞争意识。

这次活动老师想的很周到，包括提醒孩子要带的工具，和各种准备，以及突发的精心。真是又操心又劳神。由于老师的精心准备使活动完美结束，以至感动老天爷让许雨天气也变成晴空万里。

感谢老师的辛勤付出，使这一活动非常成功。

作为系列活动之二的家长志愿者，我看到了孩子们欢乐奔跑的身影，瞧见了他们认真寻觅的模样，听到了他们银铃般的笑声，感到了他们间和谐相处的氛围，和他们一起呼吸了春的气息，感受到春姑娘的到来。感谢幼儿园组织的这次"找春天"活动，特别感谢三位老师和那些在幕后策划、实施的家长，是你们的默默付出和不计回报，使我们班三天的活动形成一个完整的系列，让户外活动和书法、绘画、节气、环境、风俗等美妙地结合合起来，在孩子们幼小的心灵里播撒下中国优秀传统文化的种子。这也必将使他们终生受益！

书香润泽心灵

核心素养背景下幼儿园"书香特色"课程的建构

清明节是我们中华民族的传统节日，在活动一开始孩子们听了有关清明节来历的故事，了解了清明节的传统习俗，让孩子们知道了清明节是我们中国的传统节日。此次活动最让孩子们感兴趣的就是"包青团"，在教师和志愿者的带领下孩子们切切实实的体验了做青团的全过程。从榨汁、揉粉、包馅，经过一个接一个的步骤，孩子们搓、压、揉、团，各种动作齐上阵，真正体验了在玩中学、学中玩的乐趣。孩子们玩得不亦乐乎，放学后也不忘要带回家。希望以后多多举办类似的亲子活动。

青团制作活动感想

4月4日我参加了幼儿园组织的包青团活动，这也是小二班清明节主题活动的最后一项。活动主持人吴菲妈妈准备的非常充分，有熟青团的展示，艾叶和麦青的展示等等，这些东西也一定花费了吴菲妈妈不少精力，感谢吴菲妈妈的精心准备。

小朋友的制作青团过程充满了乐趣，我负责的小组有蒋雨琪、李仁俊、小金金、李想和恩林大哥。爱笑的俊俊第一个做好了自己的青团，很是骄傲。恩林大哥一开始做的是青团，后来应该是觉得哪里可以再修改一下，做成了"青饼"。小金金和李想在外婆的帮助下也很快的做好青团，成品都非常漂亮，蒋雨琪的青团做的也很棒，而且全程都是自己完成的，做出来的青团还很圆呢。

这次活动让小朋友们知道吃青团是清明节的重要风俗习惯，也让小朋友们尝试做青团，体验制作的乐趣和成功感。蒋雨琪回家一直说要再做青团呢。

感谢三位老师的组织，让我们家长有机会参与到这样的活动；感谢三位老师和家长志愿者的辛苦付出，让清明节主题活动圆满完成！！

2018年4月3日上午，我有幸作为志愿者参与小二班清明节青团制作活动。这是我第一次观看也是第一次参与制作青团，很新鲜，很有趣。宝宝们应该也是一样的心情吧。活动中，由两位志愿者负责一组小朋友，一组约5位小朋友。小朋友们一看一闻新鲜艾叶，做青团的原料等。观看了青团制作的全过程，从艾叶到榨汁，活面团，揉豆沙球。幸福的小二班宝贝们在游戏中了解了青团的习俗，愉快地学习并自己动手制作了青团。我也兴致勃勃地参与其中，快乐着宝贝们的快乐。同时想留住快乐瞬间，时不时拍照留念，手忙脚乱。我们2人对5位小朋友尚且不能游刃有余，幼儿园老师们真心不容易。感谢你们的辛勤付出，让我们的宝贝们绽放无忧灿烂的笑容。

星期日 下午3:03

活动有待调整及影响因素

1. 和全体家长的互动还可以更充分一些，这样内容就可以更丰富一些。

2. 与家长志愿者的沟通还需要更细致一些，这样细节就可以做得更好一些。

3. 由于没有考虑到与幼儿园书法活动的时间冲突，导致没能在具有传统文化特质的书香活动室开展第一个活动，略感遗憾，否则活动的特质就可以更突出一些。

调整后的建议

1. 给幼儿涂色的风筝尺寸可以有大有小，既让幼儿可以合作完成，也可以一人操作，同时便于在桌上操作。

2. 绘本的阅读可以适当提前，以便在操作活动中让幼儿的经验更丰富。

清明节（中班）

设计：沈蕾

◎ **选材中所体现中华传统文化的核心价值**

古诗是我国文化的瑰宝，诵读古诗《清明》不但可以了解清明节的风俗习惯，感受清明节人们扫墓的心情，同时能激发幼儿对诗词韵律的兴趣，接受传统文化的熏陶。

绘本《清明节》、《爷爷变成了幽灵》、《奶奶的护身符》、《爸爸的围巾》、《长大做个好爷爷》等生命绘本，通过一个个形象生动的故事，在润物无声的阅读过程中，让孩子们自己去体会和领悟关于死亡和生命本身的意义。清明节共同阅读生命绘本，我们可以围绕"亲情"、"关怀"着手开展生命教育。让孩子懂得尊重生命、善待生命和热爱生命。

◎ **选材发展幼儿的核心经验**

语言领域：幼儿通过对清明古诗的诵读，初步感受古诗语言中的画面美、韵律美、情感美。激发幼儿对古诗的兴趣。

社会领域：感受长辈对自己的关爱，尊重和关爱长辈。初步了解生命的周期，激发幼儿尊重生命、热爱生命的情感。

◎ **本年龄段的相关年龄特点分析**

中班幼儿的年龄特点是：能结合情境感受到不同语气、语调所表达的不同意思。能随着作品的展开产生喜悦、担忧等相应的情绪反应，体会作品所表达的情绪情感。以具体形象思维为主，对周围事物、现象感兴趣，主动观察和探索周围常见事物、现象和变化的简单规律。

结合以上的特点，选取生动形象的素材，设计丰富的活动形式，引导幼儿走走、看看、画画、说说，从而进一步了解"清明节"，激发幼儿对中华传统文化的兴趣。

活动总目标

1. 初步了解清明节的来历，知道清明节的习俗，乐于参与清明节的活动。
2. 初步感受古诗语言中的画面美、韵律美、情感美，激发幼儿对古诗的兴趣。
3. 借助绘本感受缅怀离去的家人的情感，从而尊重关心家人，珍惜今天的幸福生活。

活动的设计

活动一：古诗熏陶

活动目标

1. 欣赏诗中的景象，初步理解古诗内容，激发对古诗吟诵的兴趣。
2. 了解清明节人们踏春扫墓的传统习俗。

活动准备

物质准备：幼儿园的古诗走廊、PPT。

经验准备：初步了解清明节的习俗。

活动过程

一、情境导入，引发兴趣

——观察幼儿园走廊壁画：这张图片上看到了什么呢？他们在干什么呢？天气是怎么样的？

小结：阴雨绵绵的时节，有位老人遇到了骑在牛背上的小牧童，他问："小牧童，你知道喝酒的地方在哪？"牧童用手指着远处，瞧，那就有个小酒坊呢。

二、观赏体验，感受古诗意境

1. 初步了解清明节的习俗。

——小朋友们，你们知道现在是什么季节吗？春天里有个节日是清明节，清明节人们都要干什么啊？

小结：清明节是我们思念先人，踏春扫墓的日子。古时候，有一位杜牧的诗人，就在这天写了一首诗，让我们一起来听一下吧！

2. 教师播放墙壁上的录音盒，幼儿倾听。

——刚才我们听到，古诗中的人在清明节发生了什么事啊？你觉得老人的心情是怎样的？

小结：清明节时天上落下细雨，小路上走来的那一位行人就是画中的老爷爷，他思念故去的亲人心中很悲伤，他想找个酒馆避避雨同时喝点酒疏散心中的忧愁，看见牧童问路，牧童指方向，告诉老爷爷那里有个"杏花村"。

三、教师朗诵，帮助幼儿理解

1. 教师有表情、有节奏地朗诵一遍，请幼儿边听边对照图片内容观察。

2. 朗诵第二遍，解读其中的诗句，理解个别字词"雨纷纷"、"欲断魂"、"借问"、"遥指"，帮助幼儿理解古诗内容。

四、学习朗诵，幼儿感受古诗意境

1. 教师朗诵第三遍，请幼儿慢慢跟读。

2. 幼儿分组学念，感受古诗意境。

★ 附活动照片

图 6-17　古诗吟诵

活动二：校园踏青

活动目标

1. 了解清明节的传统活动，如荡秋千、放风筝、踏青、插柳等。

2. 参与踏青活动，感受盎然春意，激发幼儿对自然生物的喜爱之情。

活动准备

物质准备：多种形状的风筝、涂色工具、关于风筝的多媒体课件。

经验准备：初步了解清明节的习俗。

活动过程

一、活动室幼儿自主游戏

1. 幼儿猜谜语引出活动主题。

像蝶不是蝶，像鸟不是鸟，线儿手中牵，清明天上飞。——风筝。

2. 幼儿经验交流。

——风筝是怎么玩的？你见过些什么样的风筝？

欣赏 PPT：风筝的形状各式各样，如鸟形风筝"仙鹤"、虫形风筝"蝴蝶"、水族风筝"金鱼"、人物风筝"孙悟空"等。

3. 幼儿自由组合选择风筝合作涂色。

二、校园踏青

1. 班级幼儿在教师的引导下共同商定校园踏青的路线。

景点：小池塘、桃花树、小菜园、大草坪、小花坛。

2. 踏青活动"我和春天合个影"。

观察发现春天植物的变化，鼓励幼儿用语言表达自己的发现。

3. 一起放风筝。

★ 附活动照片

图6-18　校园踏青

图6-19　风筝涂色

活动三：绘本分享

活动目标

1. 欣赏绘本，初步理解故事情节，体会故事中对离开的家人的怀念情感。

2. 引导幼儿尊重关心家人，珍惜今天的幸福生活。

活动准备

物质准备："书香小屋"中关于"清明节"的绘本、班级故事会。

经验准备：绘本阅读经验。

活动过程

一、"书香小屋"活动室阅读活动

1. 幼儿自选关于"清明节"的绘本阅读。

2. 幼儿分享交流：说说我看的书。

3. 教师重点分享绘本《清明节》。

——你听到故事中清明节小朋友和爷爷奶奶做了件什么事情？

小结：原来在乡村，清明前后正是种瓜点豆的好时候，故事里的小朋友正帮着爷爷奶奶种瓜种豆呢。

二、每日主题活动：班级故事会

1. 每日午餐后开展班级故事会的活动，借助多媒体和孩子们分享故事。

2. 将分享的绘本投放于图书角，供幼儿自主阅读、欣赏。

二、话题讨论

——故事里的＊＊永远地离开了，他的朋友和亲人会有怎么样的感受？

——当想念离开的亲人的时候，故事里的人们会做些什么？

——离开的人留下了些什么美好的回忆？

小结：生命有开始也有结束，故事中的主人翁离开了他的家人和朋友，虽然有些伤心、难过，但想到大家在一起快乐的时光也会觉得很温暖。珍惜和身边的人在一起的时光，快乐地度过每一天，今后这都会成为我们记忆里的宝藏。

★ 附活动照片

图 6-20

活动分析与反思

系列活动亮点及影响因素

活动一：古诗熏陶

有效地利用幼儿园的"书香"环境,帮助幼儿观察理解并激发幼儿对古诗的喜爱,开启班级"每周一诗"的系列活动。(家长和幼儿共同画古诗,带到幼儿园和大家分享,每周诵读一首诗。)

活动二：校园踏青

充分利用花园般的幼儿园美景,在"春天"的主题中结合"清明"节气开展踏青。幼儿寻找幼儿园中的美,观察植物的变化。将活动室活动和集体活动相结合,踏青、放风筝,孩子们不但丰富认知,更体验到愉快的情感。

活动三：绘本分享

结合绘本展开的"生命"话题,得到家长积极的支持,家长在班级群中也展开了这类话题的讨论。最重要的是激发孩子们对生命关注,孩子们通过绘本感受到身边的亲人的爱,表示要尊重爷爷、奶奶,不乱发脾气。同时更为珍惜生命,哪怕是班级自然角里的蜗牛、小蝌蚪,孩子们更为关心。

活动有待调整及影响因素

在清明节的系列活动中,在环境创设方面还可以及时地跟进,例如,在班级的阅读区可以对清明节的绘本进行重点推荐,并尝试引导幼儿用绘画的方式表达自己阅读后的心情,互动的阅读环境更能激发幼儿参与的兴趣。同时主题墙中除了展示幼儿的风筝作品和古诗配画之外,再收集一些照片,帮助幼儿了解"清明节"的民俗。

在家园互动的平台上,后续的节日期间,可以让家长晒晒"清明节亲子互动"的照片,让幼儿园的学习回归家庭生活,让孩子们深入感受到"清明节"的与众不同。

调整后的建议

在踏青活动前开展的艺术创想室活动若能给予幼儿自主创作的机会,而不仅仅是涂色,会对中班幼儿的艺术表现更有帮助。

清明节(大班)

设计：傅丽娜

◎ **选材中所体现中华传统文化的核心价值**

了解清明节的来历,知道清明节的日子及习俗,乐于参与清明节的活动。初步了解家族中人与人之间的亲属关系,怀念先祖、尊重长辈等。敬仰怀念革命烈士,懂得珍惜今天的幸福生活。

◎ **选材发展幼儿的核心经验**

使幼儿了解清明节的来历,感受清明节与其它节日在气氛上有何不同。通过历史事件、历史人物,教育幼儿学习古人舍己为人、不争功名的精神。让幼儿在活动中能够追寻自己的祖先,更加珍惜今天的幸福生活。

◎ **本年龄段的相关年龄特点分析**

1. 和幼儿一起感受、发现和欣赏自然环境和人文景观中美的事物。

2. 经常带幼儿参观园林、名胜古迹等人文景观,讲讲有关的历史故事、传说,与幼儿一起讨论和交流对美的感受。

活动总目标

1. 与幼儿共同了解清明节的来历;感受清明节与其它节日在气氛上的不同。

2. 在搜集家谱、制作青团、踏青中了解清明节的传统文化。

- -

活动的设计

活动一:野餐踏青

活动目标

1. 在出游踏青的过程中感受春天的美景。

2. 体验与同伴一起小组出游的快乐。

活动准备

1. 踏青服装运动鞋、踏青小毯子。

2. 经验准备:春天踏青的地图。

活动过程

一、设计出游地图

1. 准备去华师大踏青寻找春天,与同伴共同商量踏青的路线。

——小朋友都去过华师大吗? 今天我们要去华师大寻找春天,你们想走哪条路?

2. 着手设计出游的地图共同商量出游的物品,并进行记录。

——为什么你会选择这条路线?

小结:从我们幼儿园出发去华师大有很多条路线,每天路上都会有不同的风景,大家以小组为单位先把要去的路线设计好。

二、踏青出游

1. 自由组合成为小组,共同协商给小组取名字。

——每个小组都可以取一个团队的名字，可以推选一名领队，为什么会推选这个小朋友？

小结：领队有很多责任，大家是一个团队，做事情要有商量。

2. 进入华师大分组进行活动，寻找自己发现的春天，和同伴进行交流。

——你们找到的春天在哪里？春天是什么样的？

3. 用诗词来表达自己感受的美景。

——请你用诗歌来表达你现在看到春天美景的心情或者来形容春天的景色。

小结：春天实在太美了，万物生长一切都复苏了。

4. 铺好野餐垫，和同伴一起分享交流。

三、整理收纳

共同整理出游的物品，爱护身边的环境。

★ 附活动照片

图6-21　设计路线　　　　　图6-22　踏春出游

活动二：绘本《奶奶的青团》

活动目标

1. 倾听故事《奶奶的青团》，了解青团的制作过程。

2. 尝试体验用符号记录的方式表现青团制作的步骤。

活动准备

物质准备：《奶奶的青团》绘本、手工纸、记号笔。

活动过程

一、我爱吃的青团

——交流品尝青团的经验,青团都有什么味道? 青团是用什么做的?

二、倾听故事《奶奶的青团》

1. 讨论故事中青团的制作步骤。

——青团是怎么做出的? 做青团都需要什么材料? 做青团有几步?

小结:青团的绿色是用艾叶汁放进糯米粉里变成了绿色,清明吃青团这种风俗可追溯到两千多年前的周朝。据《周礼》记载,当时有"仲春以木铎循火禁于国中"的法规,于是百姓熄炊,"寒食三日"。在寒食期间,即清明前一、二日,还特定为"寒食节"。

2. 用符号进行青团制作过程的记录。

三、与同伴进行交流和分享

展示制作的过程,进行简单地介绍。

★ 附活动照片

图 6-23　讨论步骤　　　　图 6-24　用符号记录

活动三:青团我来做

活动目标

1. 尝试在大自然中用艾叶糯米、豆沙等材料制作青团。

2. 感受清明节制作青团的传统习俗。

活动准备

物质准备:艾叶糯米粉、豆沙、台布。

活动过程

一、观看教师课件

1. 在教师课件中了解清明吃青团的习俗。

2. 与家长进行沟通,准备好青团所需要的材料。

二、制作青团

1. 在户外开展包青团的活动,能够尝试把豆沙馅包进糯米面团里。

2. 与小伙伴一起制作青团,将制作好的青团摆放整齐。

三、青团加工

1. 回家后将自己制作的青团,和爸爸妈妈一起进行加工蒸熟。

2. 与全家人共同围坐一起品尝青团。

★ 附活动照片

图 6－25

活动四：我的家谱

活动目标

1. 和爸爸妈妈一起制作家谱,了解自己的祖先。

2. 在清明节中怀念自己的先人。

活动准备

物质准备:请父母一起帮忙梳理家中上一辈的名字和职业并做好记录。

活动过程

一、了解家谱

——什么是家谱?家谱上都会有些什么?

小结:家谱是记载家庭、家族人物世系和记载家族事迹的工具手册,家谱是记载家族血缘传承系统的历史典籍,是中华民族优秀传统文化的载体。中国家谱源远流长,是祖宗先辈留给子孙后代的珍贵遗产。

二、介绍家谱

1. 与爸爸妈妈一起制作自己的家谱。

——你的家谱上都有些谁？他们都是做什么的？

小结：我们的家谱上都有爷爷奶奶、外公外婆等长辈的名字。

2. 和同伴进行交流，说说自己爸爸妈妈的祖辈。

3. 展示制作的个性家谱表。

三、怀念先人

回到家中和爸爸妈妈一起翻看老照片。

★ 附活动照片

 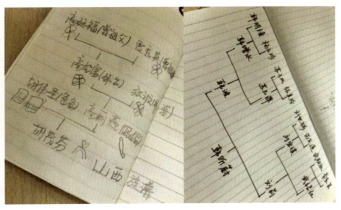

图6-26　制作家谱表

活动分析与反思

系列活动亮点及影响因素

本次活动充分发挥了大班孩子在活动中的自主性，同时，对于我们的传统祭祖节日有了更深的了解。

在野餐踏青活动中，孩子自主地设计出游线路，以及出游所需物品，出游分配的小组和负责人，一一都能够记录下来并按自己的计划去开展。

在故事《奶奶的青团》活动中，孩子们把所听到的青团制作过程一一分解进行步骤的记录，每个孩子表现的记录各有特色。

制作青团的活动是在草地上、阳光下进行的，头顶蓝天，孩子们沐浴着春风，用小手搓、捏、团青团，回忆着昨天的故事，独立完成一个个青青的团子。

"我的家谱"活动,是整个清明活动一个最有亮点的活动,孩子们了解自己的爸爸妈妈,知道自己的外公外婆爷爷奶奶,但自己的太爷太奶太公太婆呢?更远的祖先呢?他们都是谁?他们叫什么名字?他们都是做什么的?孩子们一脸茫然,所以让孩子们回家和爸爸妈妈一起来搜集这些资料。家长们也在这个过程中,与孩子们共同回忆。孩子们带来自己的家族谱,和朋友、老师一起兴奋地介绍着,孩子们知道自己是从哪里来的,知道爸爸这边的祖辈,妈妈这边的祖辈等等。有的孩子还把祖辈的工作用各种符号来进行表现。在这个过程中,家长们和孩子们也发现的确需要将族谱记录下来,有一些祖辈的确脉络断了,无法追忆。

通过这样的清明节系列活动,孩子们不仅感受的是文化的风俗,更是一种情感上真正的追忆。

活动有待调整及影响因素

清明节正好放假,在假期前的一周组织开展各种活动是适宜的。尤其是家谱的活动,家谱是中国特有的文化现象,是中华民族的三大文献(国史、地志、族谱)之一,属珍贵的人文资料。孩子们在幼儿这个阶段就能追述我是从哪儿来的,这些资料整理收集也来源于家园合一,许多家长也反馈家谱不齐全,已经很难追忆了,希望这个活动能够让每个家庭的家谱真正地流传下去。

调整后的建议

家谱活动受到家长和孩子们的肯定,可以将这些珍贵的资料作为课程资料呈现,并真正地摆放在家里作为一种传承。

端午节(小班)

设计:齐田田

◎ **选材中所体现中华传统文化的核心价值**

端午节是我国保留了两千多年的传统节日,为了让幼儿从小体验中国民间节日特有的韵味,我们在开展"书香"特色课程"端午"主题时,选择了此节日中适合小班幼儿年龄特点的活动,突出了端午的"趣味性",如系五彩绳、塞香囊、捏粽子等等。希望幼儿能喜爱传统节日,过好传统节日,萌发对中国传统文化的兴趣。

◎ **选材发展幼儿的核心经验**

小班幼儿需要加强小肌肉的练习,使手部动作灵活协调,捏粽子、做香囊的活动是很适合的。通过实践操作,感知粽子的形状和品种,鼓励幼儿介绍自己的作品,培养幼儿的创新意识。在这些过程中,幼儿可以初步了解端午节的传统习俗,体验节日的快乐氛围。

◎ **本年龄段的相关年龄特点分析**

小班的幼儿以具体形象思维为主,他们的认知很大程度上要依赖行动。所以,本次端午节的系列活动,经过老师的精心策划,为孩子们准备了容易理解的视频和图片和形象易操作的活动材料,以游戏为主,让孩子们在操作中学习。

另外,小班的幼儿注意力时间较短,这要求我们要合理安排活动,动静结合。

活动总目标

1. 初步了解端午节是我国的传统节日,并了解端午节的风俗和来历。

2. 通过系五彩绳、制作香囊、捏粽子等实践操作活动,感受节日的快乐氛围。

活动的设计

活动一:系五彩绳

活动目标

1. 初步了解系五彩绳是端午节的传统习俗。

2. 感受祈福纳吉的美好寓意。

活动准备

物质准备:五彩绳、图片。

经验准备:了解端午节的传统习俗。

活动过程

一、出示五彩绳,引起兴趣

1. 老师今天带来的这根绳子跟普通的绳子有些不一样,你们知道它的名字吗?(五彩绳)

2. 五彩绳是由几种颜色组成的?(五种)它是哪五种颜色编制成的呢?(红黄蓝绿紫)

3. 为什么端午节要系五彩绳呢?(祈求平安、吉祥)

小结:每年的端午节时,家家户户都会在孩子们的手腕上系上五彩绳,就是用红黄蓝绿紫这五种颜色编制而成,用来祈求一年平安、吉祥。

二、系五彩绳

1. 五彩绳一般会系在身体的什么位置?(颈部、手足腕部)

2. 演示打结的方法。

3. 幼儿之间相互学习系五彩绳,教师指导。

三、拍照留念,感受端午节的节日氛围。

★ 附活动照片

图 6-27　五彩绳活动

活动二：捏粽子

活动目标

1. 尝试用超轻黏土表现形状不同、味道各异的粽子。

2. 感受端午节的快乐氛围。

活动准备

物质准备：超轻黏土、包粽子的视频。

经验准备：有玩黏土的经验。

活动过程

一、以猜谜语的形式，引出话题，激发幼儿的兴趣

——三角四楞长，珍珠里面藏，想尝珍珠味，解带剥衣裳。（粽子）

——什么节日要吃粽子？为什么要吃粽子？

小结：粽子是端午节最受欢迎的食物，农历五月初五端午节这一天，每家每户都会包粽子、吃粽子，民间传说吃粽子是为了纪念爱国诗人屈原。

二、观看包粽子的视频

——粽子由哪些部分组成的？

——你们见过什么形状的粽子？你们吃过什么口味的粽子？

小结：粽子是由粽叶、粽馅组成的，粽子的形状各不相同，有牛角状的，有筒状的，也有三角形、四角形的……粽子的口味也不尽相同，有喜欢吃甜的，里面可以放蜜枣、豆沙；也有喜欢吃咸的，里面可以放肉和咸蛋黄；或什么都不放……

三、幼儿学"包"粽子

1. 幼儿观察讨论做粽子的步骤。

2. 幼儿用超轻黏土自由地搓、捏、压、团，做出不同形状、不同口味的粽子。

四、分享、欣赏作品

——你做的粽子是什么口味的？什么形状的？

小结：今天小朋友的包的粽子形状各不一样，口味也根据自己的喜好不尽相同，有自己的独特想法和创意，很棒！

★ 附活动照片

图 6-28　学包粽子　　　　图 6-29　不同形状的粽子

活动三：塞香囊

活动目标

1. 知道佩戴香囊是端午节的传统习俗。
2. 体验亲手制作香囊的快乐。

活动准备

物质准备：香囊袋、各种香料。

经验准备：了解端午节佩戴香囊的习俗。

活动过程

一、通过儿歌，激发制作香囊的兴趣

儿歌：五月五，是端午。粽子香，香厨房；艾叶香，香满堂；荷包香，香衣裳；菖蒲插在门框上，龙舟下水喜洋洋；这儿那儿都是端阳。

——歌谣里说的是哪个传统节日？端午节会有哪些习俗？

小结：端午节有包粽子、挂艾草、戴香囊、插菖蒲、划龙舟等传统习俗。

——端午节为什么要佩戴香囊呢?

小结:佩戴香囊是端午节传统习俗,香囊又叫香包、荷包,内装香料,佩戴时香气扑鼻,端午节佩戴香囊不仅能辟邪驱虫,还是漂亮的装饰。

二、观察香囊,介绍制作方法

1. 介绍材料(各种香料、香囊袋)。

2. 幼儿将香料塞进香囊里。

3. 佩戴香囊。

三、相互观赏、体验制作香囊的快乐

★ 附活动照片

图 6-30   制作香囊活动

活动分析与反思

系列活动亮点及影响因素

活动中教师直接出示五彩绳导入活动,让幼儿猜猜这个绳子的名字,孩子们兴趣很大,答案各不相同,个别幼儿对端午节的系五彩绳的这一习俗有所耳闻。教师接下来通过问题,让幼儿对五彩绳的组成有初步的了解,知道了每年的端午节给孩子们系五彩绳是用来祈求一年平安、吉祥的美好寓意。第二个环节教师为每个孩子系上五彩绳,送一句祝福的话语,是孩子们最开心的时刻,孩子们排着队期待着,不停摆弄着五彩绳。

活动前,教师引导幼儿去了解粽子、观察粽子、品尝粽子,对粽子的外形、品种有一定的认识;活动中,教师鼓励幼儿动手操作,让幼儿通过自由的搓、捏、压、团等动作做出不同形状的粽子,所以效果不错,有的孩子捏的粽子非常有想法、有创意。

小孩子佩戴香囊是端午节的习俗之一,香囊内装香料,外包丝布,清香四溢,再以五色丝线扣成索,做成各种不同形状,结成一串,形形色色、玲珑可爱。教师准备的材料丰富、新颖、颜色鲜艳,非常受小孩子喜爱,本活动的新意之处是在于让孩子们自己动手制作香囊,满足了幼儿喜欢动手的要求。

活动有待调整及影响因素

由于五彩绳买的是圆形的,所以系到手腕上被小朋友不停地摆弄,很容易松开。幼儿能自己动手制作香囊很开心,但互动性还不太够。

调整后的建议

五彩绳可以选不容易松开的。教师可以将孩子们祝福的话语运用绘画等方式记录下来,一起塞到香囊里;或者在活动的最后一个环节,让幼儿相互赠送香囊,把平安、吉祥和幸福送给好朋友。

端午节(中班)

设计:呼美琳

◎ **选材中所体现中华传统文化的核心价值**

继承和发扬端午节,让人们形成良好的民族认同感和归属感,这是我国社会主义精神文明建设的内在需求。在端午节到来之际,结合中班幼儿的年龄特点,在"端午"的主题活动中,引导幼儿参与端午节多种多样的活动项目,比如大家比较熟悉的挂艾草和菖蒲、吃粽子等,加强对端午习俗的了解,感受中华传统文化,从而激发幼儿对传统节日的兴趣。

◎ **选材发展幼儿的核心经验**

结合中班幼儿的特点,知道端午节的时间以及有趣的风俗,了解如何庆祝端午节,激发幼儿对传统文化的兴趣。

◎ **本年龄段的相关年龄特点分析**

1. 知道自己是中国人。
2. 了解一些传统节日的习俗。

活动总目标

1. 了解端午节是我国的传统节日。
2. 知道端午节的风俗和来历,体验中国民间节日特有的韵味,感受中国的社会文化。

活动的设计

活动一：多彩的端午节

活动目标

了解端午节是我国的传统节日,知道端午节的风俗和来历。

活动准备

菖蒲、介绍端午的视频。

活动过程

一、(在门上悬挂艾草、菖蒲)知不知道今天我们班的门上挂的是什么呀?("菖蒲")那为什么要挂菖蒲呢?

小结:因为端午节要到了,挂菖蒲和艾草是端午节的习俗。

二、那你们知不知道端午节还有哪些习俗呢?(观看视频)

1. 挂艾叶菖蒲:艾草和菖蒲中都含有一种叫芳香油的东西,可以用来杀虫防病虫害,它的香气可以起到净化环境、驱虫祛瘟的作用。

2. 赛龙舟:屈原投湖自杀的时候呢,有许多人划船去追赶拯救。他们争先恐后,可是却没有能够把屈原救上来,后来每年农历五月五日就用划龙舟来纪念这件事。

3. 吃粽子:屈原死了之后,人们怕河里的鱼虾把他的尸体吃掉,就将糯米包在粽叶中,投到河里喂鱼。

4. 佩香包:端午节的时候小朋友们都要戴上香包,香包里面放了很多香料,闻起来香香的。香包有各种各样的形状和颜色,可以挂在脖子上,也可以戴在手腕上,好看极了!

5. 五彩绳:在端午节,人们编各种彩色的带子挂在手上,很好看又有吉祥的意思。

小结:端午节是我们中国的传统节日,有许多丰富多彩的活动可以参与。

活动二：绘本《不是方的也不是圆的》

活动目标

通过绘本理解故事内容,并尝试用完整的语言表达。

活动准备

绘本《不是方的也不是圆的》

活动过程

一、引出故事

——"你们知道端午节吗?你们在家里是怎么过端午节的?"

小结:很多小朋友都知道端午节要吃粽子,那今天分享给小朋友们一个有关于吃粽子的故事。

二、讲述绘本

1. 了解故事中出现的角色。

——我们一起看看故事里都有谁?

小结：故事里有老鼠爸爸、老鼠妈妈，还有三只小老鼠，我们一起看看发生了什么事情。

2. 讲述故事。

——鼠爸爸拖着一个什么东西回家？

——它是什么形状的？

——三只鼠小弟对粽子进行了哪些猜测？

——第二天鼠爸爸又捡回了什么？

——鼠爸爸两天里拿回的分别都是什么呢？

——这天到底是什么日子？

三、教师小结

——原来鼠爸爸拖回来的不是方的也不是圆的东西是我们端午节吃的粽子。吃粽子，做香包，小老鼠全家其乐融融，这个端午节，给他们带来了巨大的快乐！

★ 附故事《不是方的也不是圆的》（有删节）

老鼠一家，就住在走道上的夹层里。走道紧挨着小娟家的厨房，厨房里总会有香喷喷的味道飘过来，每天都不一样。鼠爹肯定地说："这是煎鱼的香味！"鼠娘只会猜测："这大概是烤肉的香味……"

三只小老鼠常常馋得直流口水。

这天从小娟家的厨房里飘出来的香味，连鼠爹也说不出是什么香味。那香味又浓，又特别，三只小老鼠把鼻孔张得像山洞一样。鼠爹憋不住了，说："我去看看！"

一会儿，鼠爹回来了："就是这东西！"它拖回来一个不是圆的，也不是方的东西。

这是什么东西呢？它外面包着的好像是树叶，树叶上还来来回回扎着细细的绳子。

大家一起动手。这树叶真长，把不是圆的，也不是方的东西裹了一层又一层。

啊！里面的东西露出来啦：是米！不！是饭！是米饭！不！是用米饭做成的东西！五只老鼠围成一圈大吃起来。

"里面还有肉呢！""好香的肉啊！"不是圆的，也不是方的东西一下子就被五只老鼠吃完了。

第二天一大早，三只小老鼠就嚷嚷：还要吃昨天那个不是圆的，也不是方的东西。这回，鼠爹鼠娘一起去找。

咦？今天小娟家里怎么这么漂亮！床头上、橱门上、窗户上都挂着一串串五颜六色的东西。鼠娘看得笑眯眯的，它真想带一串回去给三个宝宝看看。鼠爹什么也不说，它只是仔仔细细地看，仔仔细细地听。最后鼠爹已经忘记小老鼠要它们找的东西了，而是捡了一些做香袋的碎布，就和鼠娘一起急急忙忙回来了。

"你们知道吗？"鼠爹又得意起来，"昨天的香味是粽子的香味。"

"粽子？你是说那个不是圆的，也不是方的东西是粽子！"老鼠大宝抢着说。鼠爹搓着红红绿绿的碎布料继续说："我全弄明白了，昨天是人的端午节，小娟家包粽子吃，就是把米和肉、米和豆什么的包在粽叶里煮了吃。另外还做香袋……"

"香袋？"三只小老鼠一起问，"那东西好吃吗？"它们心想爸爸妈妈怎么没有带回来！这回鼠娘生起气来："就知道吃，香袋是用来驱虫的。"

鼠爹乐呵呵地说："不管怎么说，我们昨天过了一个端午节。"

小老鼠们说："可惜我们只吃了粽子，没有做香袋！"

鼠娘说："今天补上还来得及。我已经会做香袋了！"

"真的吗？"三只小老鼠高兴极了。

于是鼠娘带着三个鼠宝宝一起做香袋。鼠爹呢，它把做好的香袋，像小娟家里那样也一串串地把它们挂起来。剩下的三串，分别挂在大宝、二宝、小宝的尾巴上。这个端午节，给老鼠一家也带来了巨大的快乐！

活动三：旱地龙舟

活动目标

1. 通过旱地龙舟感受端午节的节日气氛。

2. 体验同伴齐心合力游戏的快乐。

活动准备

充气长马。

活动过程

1. 2—3 人坐骑在充气道具"充气长马"上，小朋友双手握住"充气长马"把手。

2. "充气长马"道具替代"龙舟"，设置统一起跑线后，裁判发令后，小朋友通过团队协调，配合弹跳动作带动"龙舟"，在跑道上快速"行驶"。到达终点，用时最短者为胜。

3. 规则：在赛龙舟过程中不得拖着行走；有同伴没坐稳，"龙舟"必须停止，等所有人都坐稳才能继续前行。违规者取消胜利资格。

★ 附活动图片

图 6-31　旱地龙舟

系列活动亮点及影响因素

端午节对中班幼儿来说既熟悉又陌生。本活动设计,重点落在让幼儿感知一些中国民俗文化,从而激发幼儿对民族文化的兴趣和情感。又因为中班幼儿的认知特点具体直观形象,故本活动设计通过多方面讲述端午节的来历和风俗,使孩子有一些感性的认识,从而萌发幼儿对传统文化的兴趣。

寻找适合中班年龄段的传统绘本,尤其是跟端午节相关,找到《不是方的也不是圆的》绘本,这个绘本风趣幽默地展现了小老鼠一家端午节时的景象,使小朋友印象更加深刻。"吃"和"玩"是孩子们的兴趣点,绘本抓住孩子们的这一特点,通过小老鼠一家的描述,把端午节的"色"、"香"、"味"都描述了出来,在阅读的过程中,孩子们在不知不觉中了解了端午的习俗和乐趣。

活动有待调整及影响因素

在中班年龄段还只是侧重于节日背景知识的体验与理解,展现节日多样化的活动,没有过多的动手操作。可以在今后中班的端午主题中丰富一些孩子一起动手操作或体验的活动。

调整后的建议

简单的活动可以让幼儿实际地尝试一下,比如:参与包粽子、制作香包、编五彩绳等。

端午节(大班)

设计:陆瑾

◎ **选材中所体现中华传统文化的核心价值**

端午节的文化价值之一就是蕴含着丰富的民族精神,爱国主义精神。虽然关于端午节的历史渊源众说纷纭,但是比较认可的是关于屈原的故事。充分反映出了我国人民正确的价值观、道德观和人生观,是我国人民对爱国主义民族精神的发扬光大。在端午节到来之际,大班的端午节活动除了大家比较熟悉的赛龙舟、吃粽子等,更多挖掘节日中社会归属感,萌发爱国主义教育,体现了人们对理想的美好追求,希望能够生活幸福美满,这也是人们对道德理念的弘扬。

◎ **选材发展幼儿的核心经验**

社会经验:建立社会归属感,了解当地的人文风俗,热爱家乡。

科学经验：喜欢自主探索，"亲近自然，喜欢探究"，对于身边的事物和现象感兴趣。

◎ **本年龄段的相关年龄特点分析**

1. 知道自己的民族和国家，为自己是一个中国人感到自豪。

2. 探索中有所发现时感到兴奋和满足。

活动总目标

1. 通过参与、体验端午节的各种习俗，进一步了解端午节。

2. 建立初步的社会归属感，萌发爱国主义情感。

- -

活动的设计

活动一：包粽子

活动目标

1. 知道端午节的由来。

2. 体验与家人一起包粽子的快乐。

活动准备

物质准备：粽叶、粽子馅、视频。

经验准备：了解端午节的习俗。

活动过程

一、邀请感兴趣的家长参与活动

1. 欢迎家长，与小朋友一起体验包粽子的乐趣。

2. 了解今天活动的主题。

二、小朋友跟家长一起观看有关于端午节的视频

——你听到"端午节"的传说里有谁？讲了一件什么事？

小结：端午节就是纪念屈原的节日，每次过端午节，赛龙舟、吃粽子的时候要纪念这位伟大的爱国诗人。

三、介绍包粽子的材料

——看看包粽子需要一些什么材料？

——你最喜欢的是什么口味的粽子？

小结：粽子有各种口味，喜欢吃甜的里面可以放蜜枣、豆沙；喜欢吃咸的里面可以放肉和咸蛋黄；还可以放赤豆，或什么都不放。粽子很好吃但不太好消化，所以不能多吃。

四、家长和幼儿一起制作粽子

1. 请家长演示包粽子的方法。

2. 讲解包粽子的重点和难点。

3. 在家长志愿者的协助下包粽子。

五、与自己包的粽子合影，留下美好的回忆。

★ 附活动照片

图 6-32　与家长一起包粽子　　　　图 6-33　幼儿自己尝试包粽子

活动二：有味道的植物

活动目标

1. 知道自然界有会散发味道、驱蚊的植物。

2. 了解人们运用植物特性发明的物品。

活动准备

物质准备：提前搜集艾草的书籍；菖蒲、香囊若干。

经验准备：通过阅读、网上查阅了解各种关于驱散蚊虫的知识。

活动过程

一、"我是小博士"，搜集驱散蚊虫的植物

1. 请小朋友们介绍自己找到的关于驱散蚊虫的植物。

2. 说说这些有味道的植物的作用。它们的优点是什么？

小结：驱蚊植物有夜来香、薰衣草、猪笼草等，在其生长期中会通过叶片、花等组织或器官散发出一些气味或者特殊化学物质，对人体无害，但能驱赶靠近自己的昆虫，所以人们用它们来达到驱蚊的目的。人们把这些能达到驱蚊目的的植物统称为驱蚊植物。

二、能用这些有味道的植物做成什么

1. 香囊、香薰、精油。

2. 做成产品后的好处。

小结：人们利用这些发出香味的植物做成各种驱蚊产品，既有防蚊的功效又方便携带。

三、看一看、闻一闻、摸一摸

了解这些用植物制作出来的产品。

★ 课后延伸

日常：大家看看、闻闻，并用日常观察的方法，了解这些植物驱虫的效果。

活动三：绘本《屈原的故事》

活动目标

1. 通过绘本理解故事内容，并尝试用完整的语言表达。

2. 感受屈原的爱国之情，知道端午节的来历。

活动准备

物质准备：《屈原》的绘本；PPT。

经验准备：了解端午节的习俗。

活动过程

一、引出故事

——再过几天就是端午节了，你们知道端午是为了纪念哪一位爱国人士吗？（屈原）

——那就让我们通过绘本《屈原》，来认识一下他。

二、讲述绘本

1. 通过图片引出故事《屈原》。

——这是什么地方？这个人在干什么？

——我们一起来听听，看看，是什么时间？什么人？发生了什么事？

2. 阅读故事《屈原》。

——这个故事讲的是谁？

——屈原五月初五干什么了？

——屈原为什么要投江自尽？

——为了纪念屈原，五月初五屈原投江的这天是什么节日？

3. 教师通过手偶，再次一边表演一边分段讲故事，让幼儿有身临其境的感受。

——屈原是什么样的人？你想学什么，不学什么？

——如果你是屈原你会怎么做？

小结：端午节就是纪念屈原的节日，每次过端午节，赛龙舟、吃粽子的时候要纪念这位伟大的爱国诗人。

★ 附故事《屈原》

屈原，战国时期楚国贵族出身，他主张对内举贤能，修明法度，对外力主联齐抗秦。

后因遭秦国陷害被流放。屈原离开京城,来到了汨罗江边。他想到国家的前途,想到老百姓的苦难,心里难过极了。他一边走着,一边悲叹。他多想再回到楚王身边,为国家尽力啊! 可是,事实并非如此,楚国流离失所的百姓越来越多。当屈原问起一个在逃难的老头儿:"京城怎样?"老头道出楚国已经亡国,秦国已经入侵。而这时的屈原已经是万念俱灰。就在五月初五的晚上,屈原抱着一块大石头,一头扎进了汨罗江。老百姓划着船去寻找屈原。可是,江水滚滚,屈原在哪里? 人们悲伤地喊着屈原的名字,用苇叶包上蒸熟的饭团,扔进江里给鱼吃;用雄黄酒倒进江中去醉倒毒虫……为的就是不让这些江里的生物咬到屈原大夫的身体。

为了纪念屈原,人们把他投江的五月初五这一天定为端午节。每年的这一天,人们都要吃用苇叶包成的粽子,喝雄黄酒。在南方许多地方,人们还要赛龙舟。看! 江上的龙舟,一只比一只威风。南方一般都会在端午节的时候包粽子,举办赛龙舟的活动;北方除了这些,还会在门上绑上艾草,据说有辟邪的作用,而这些都是为了纪念忠心爱国的屈原大夫。他爱国家,爱百姓,人们永远不会忘记他。

活 动 分 析 与 反 思

系列活动亮点及影响因素

结合幼儿的社会领域年龄特点分析,如《指南》中指出的旨在"建立社会归属感,了解当地的人文风俗,热爱家乡"。端午节是中国的传统节日,也是让幼儿学习传统文化节日的一个好机会。小朋友们一起观看了关于端午节的小视频,进一步了解端午节。观看后,介绍端午节的一些风俗,如:佩戴香袋,门口挂菖蒲等等。在端午节当天,邀请家长们和孩子们一起包粽子。结合大班的年龄特点,开展了团结互助的"旱地划龙舟",妙趣横生的游戏给孩子们带来了浓浓的节日氛围。通过这一系列活动,让孩子们一起度过一个有意义的端午节。

结合幼儿的科学领域年龄特点分析,旨在如《指南》中指出的"喜欢自主探索'亲近自然,喜欢探究'对于身边的事物和现象感兴趣"。端午不仅仅是一个传统节日,其中也蕴含了自然科学。我们选择了端午节挂菖蒲这么一个小活动,深挖了后面潜藏的自然科学知识。小朋友通过自己搜集、观察、了解了植物驱虫的有趣现象。

结合爱国主义教育。通过屈原的故事,孩子们了解了古人的气节,通过绘本理解了故事内容,增强了语言表达能力。

活动有待调整及影响因素

在"包粽子"活动中,本意是想让家长和小朋友们一起体验包粽子的快乐。但是我们的家长也比较能干,除了会常规的粽子包法,还提供不用绳子就能包好的粽子、方形的粽子等等。这让小朋友们大开眼界，但孩子们动手的机会就比较少了，只能看着家长们操作。

绘本《屈原》中介绍了屈原投江的故事，对屈原亡国的哀痛小朋友并不是十分理解，在听故事的时候没有很多的共鸣。

调整后的建议

今后的大班端午节活动要和家长事先有一个沟通，提前将活动目的、活动内容与家长达成共识。前期准备一些操作步骤图等，并在活动中详细讲解过程，以便孩子可以和家长共同参与到包粽子的活动中，体会亲手包粽子的过程。

增加一些关于屈原的介绍，如屈原的故事，还有屈原的作品，帮助幼儿完整了解屈原。

第二节 其他经典活动

奇妙的印章（小班）

设计：曹岚　刘耘利

◎ **选材中所体现中华传统文化的核心价值**

印章是雕刻和书法融合的艺术，是和中国书法、绘画密不可分的艺术样式。印章是中国文人特有的一种符号标志，印章艺术是我国特有的一个艺术品种。它是我国悠久的历史文化的组成部分。

◎ **选材发展幼儿的核心经验**

感受中华印章的艺术性，萌发审美情趣。尝试使用不同的美术工具和材料大胆表现。学会与他人友好相处，互相尊重。

◎ **本年龄段的相关年龄特点分析**

科学领域：小班的幼儿会经常问各种问题，或好奇地摆弄物品，能用多种感官或动作去探索物体，关注动作所产生的结果。能手口一致地点数 5 个以内的物体，并能说出总数，能注意物体较明显的形状特征，并能用自己的语言描述。

艺术领域：小班幼儿乐于观看绘画、泥塑或其他艺术形式的作品。

活动总目标

1. 通过丰富多彩的印章活动，初步了解印章的用途和意义。
2. 感受印章活动的乐趣。

活动的设计

活动一：巧手盖印章

活动目标

1. 根据数字 1—3 盖相应数量的印章，巩固对数字的认识。
2. 愿意参与游戏活动，尝试准确、干净地盖印章。

活动准备

印章、幼儿操作材料

活动过程

一、复习认读数字1—3

——图里有哪些数字？它们的样子像什么？

小结：数字1像小棍，数字2像鸭子，数字3像耳朵。

二、尝试按数敲章

1. 认识印章，学习盖印章的方法。

——看看这些是什么？它们怎么用呢？

小结：这是印章。有时盖在信封上，告诉你信是从哪里寄出的，有时盖在文章上，告诉你这是谁写的，小朋友可以拿印章当玩具，但是要盖在合适的地方。使用印章的方法拿掉小盖子，轻轻按纸上，小手不要动，印章盖好了。

2. 尝试盖印章。

——看看这张图，印章盖在哪里？盖几个？

小结：印章盖在空格里，数字是几就盖几个。

——看看信封旁数字是几，就盖几个印章。

观察：幼儿练习盖印章，教师观察指导

三、游戏：送信

盖了1个章的信封送到1号房子，盖了2个章的送到2号房子，盖了3个章的送到3号房子。

★ 附活动照片

图6-34　印章

活动二：绘本《爱盖章的国王》

活动目标

1. 听故事，简单了解故事内容。

2. 印印玩玩，感受玩印章的乐趣。

活动准备

故事 PPT、不同的印章、幼儿操作材料。

活动过程

一、欣赏印章，引发兴趣

——这些是什么？你喜欢哪一个？

小结：这些都是印章，他们都是一个国王的，这个国王特别喜欢盖印章。

二、看图听故事，简单了解故事内容

——国王把章盖在哪里了？

——大家喜欢国王这么做吗？

——国王想了什么办法？

小结：国王到处乱盖章，大家头疼极了，国王动脑筋开了一个印章店，设计了很多有趣的印章，盖印章真有趣。

三、游戏："国王印章店"

提供幼儿操作材料纸，在不同物品的图案上盖章。

★ **附故事内容：《爱盖章的国王》**

从前，有个国王，他有一个很特别的习惯，就是喜欢盖印章。他在所有的东西上面盖上印章，连宫女、王后、王子、公主的脸上、身上、都盖满了印章。还不止这些呢，这个王国的所有人、所有动物都逃不过国王的大印章。每个老百姓，每只动物，都逃不过他的大印章，大家都感到头痛极了。当然他也在自己的国土上，"咚、咚、咚"地盖满了大印章。

有一天，国王早上醒来发现房间里堆满了抗议信，原来大家都写信来，表示不愿意再被盖章了，看起来好丑，好难看。国王很难过，他从来没有想到，他喜欢盖印章，会让大家这么不开心。可是自己真的很喜欢盖印章，又怕大家讨厌，到底怎么办才好呢？就在国王绞尽脑汁左思右想的时候，他看到墙上有一排沾满印泥的小脚印，啊！好小好可爱，是小老鼠的脚印。"有啦，我为什么不做一些既好玩，又有趣的印章呢！"于是他在宫廷门口贴了一张告示，上面写着：好消息，国王的印章店新开张，种类丰富，应有尽有。服务好，品质佳。欢迎光临，一律免费！

现在，国王好忙碌啊！他每天都忙着设计新式样的印章，然后帮来印章店的人盖他们要的图案。每个人都好高兴，最开心的是国王，他不但可以每天盖印章，而且每盖一个印章,还可以得到一份感谢!

活动三:奇妙的小印章

活动目标

  1. 尝试利用各种水果、蔬菜进行印画活动。

  2. 愿意参与印画活动,感受作品成功的乐趣。

活动准备

  自制不同的蔬果(芹菜、青菜、青椒、苹果等)印章、印泥、白纸。

活动过程

  一、出示材料,激发幼儿的制作兴趣

  ——这些是什么? 它们可以做什么用呢?

  ——这些又是什么? 猜猜它们是用什么印出来的呢?

  小结:原来这些蔬菜水果还可以当印章来玩。

  二、敲敲玩玩蔬果印章

  ——玩蔬果印章的时候,有什么事情要提醒大家呢?

  小结:颜色不要混,每次用一个,在白纸上找空的地方盖印章。

  三、幼儿自选印章进行制作,教师帮助能力弱的幼儿

  帮助幼儿制作衣服或小包。

  四、幼儿作品展示,感受成功的快乐。

★ 附活动作品照片

图 6-35　自制印章衣服

图 6-36　盖印章

系列活动亮点及影响因素

1. 活动内容符合幼儿年龄特点。"奇妙的印章"这个主题选择了符合小班幼儿年龄特点的内容,让他们从中简单了解印章这个有着悠久历史的文化。

2. 活动内容多样化。活动内容涉及了数学活动、语言活动和艺术活动三大类,从动脑到动手,从不同的角度认识、欣赏和了解印章。

3. 活动引起了幼儿的兴趣。无论是数学活动、语言活动,还是美术活动,孩子们都对这一内容有着浓厚的兴趣,他们都积极地参与到活动中。

活动有待调整及影响因素

选择了绘本《爱盖章的国王》,对小班孩子有一定挑战性,老师降低了阅读要求和提问难度。

调整后的建议

需发掘更多的资源,寻找适合本年龄段的与印章有关的绘本或是故事。

亲亲老师(小班)

设计:杨丽坤

◎ **选材中所体现中华传统文化的核心价值**

《论语》在开篇就提出:"学而时习之,不亦说乎?"以"学"作为整部《论语》的领起,可谓意味深远,说明"学"是安身立命、经世致用的关键。古人所学乃圣贤之道,而"道之所存,师之所存"。不尊师则无法超凡入圣,修齐治平亦沦于空谈。尊师重道,注重师德是中华民族传统美德,古往今来,代代相传。

◎ **选材发展幼儿的核心经验**

小班幼儿进入幼儿园不久,这是他们第一次离开熟悉的家来到了陌生的环境,老师成为了他们依赖、信任的人,通过这个活动让孩子们了解老师的付出和对他们的爱,让孩子愿意亲近老师、爱老师、感谢老师。

◎ **本年龄段的相关年龄特点分析**

3 岁儿童仍然十分依恋父母和老师,尤其需要得到成人的微笑、拥抱、拍拍、摸摸等肌肤相亲的爱抚动作,在幼儿园能感受到老师的关怀,会说"某老师喜欢我,某老师不喜欢我",愿意和喜爱的教师接近。在喜爱的教师身边,往往情绪愉快,行动积极。

1. 简单了解老师的工作,体会老师对自己的关心与爱护,能用语言、动作大胆地表达对老师的爱。

2. 在欣赏歌曲的过程中熟悉歌曲旋律,理解歌词内容,愿意学唱歌曲。

活动的设计

活动一: 亲亲老师

活动目标

简单了解老师的工作,体会老师对自己的关心与爱护,能用语言、动作大胆地表达对老师的爱。

活动准备

经验准备:在班级中营造温馨的氛围,让孩子感受到老师的亲切。

物质准备:PPT(老师照顾小朋友、与小朋友共同游戏的照片)。

活动过程

一、观看 PPT

欣赏关于老师照顾小朋友、与小朋友共同游戏等画面的 PPT,回忆师生共处的美好时光。

——照片里都有谁啊?

——你们在做什么?

二、说一说:共同说一说画面中的老师在做什么,让孩子感受到老师像妈妈一样的爱

——老师为什么抱着你呢? 老师帮助你做什么?

——在家里谁来抱抱你、给你穿衣服、喂你吃饭啊?

小结:在幼儿园里,你伤心的时候老师抱抱你,安慰你,你裤子拉不起来的时候老师帮助你,老师还喂你吃饭,老师还给你们讲故事,和你们一起跳舞,就像妈妈在家里和你们做的一样,老师是幼儿园里的妈妈。

三、亲亲我的老师

通过说说感谢的话、抱一抱、亲一亲,进一步拉近师生关系,激发幼儿爱老师、感谢老师的情感。

——老师也很爱你们,你们爱我吗? 让我来抱抱你们吧。

活动二: 老师像妈妈

活动目标

1. 在欣赏歌曲的过程中熟悉歌曲旋律,理解歌词内容,愿意学唱歌曲。

2. 激发幼儿喜欢幼儿园、爱老师的情感。

活动准备

经验准备：创设轻松、温馨的心理氛围，拉近老师与孩子之间的距离。

物质准备：歌曲《老师像妈妈》。

活动过程

一、导入

——宝贝们，你们喜欢幼儿园，喜欢老师吗？为什么？

——谢谢你们，老师也很爱你们。

二、欣赏歌曲《老师像妈妈》

1. 欣赏歌曲。

——我们都讲得真好！今天老师把刚刚说的话编成了一首好听的歌曲，想听吗？
（教师示范演唱歌曲）

——好不好听呀？你听到歌里唱了些什么？

小结：幼儿园是我的家，老师爱我，我爱她，老师夸我好宝宝，我说老师像妈妈。

2. 熟悉旋律。

（1）幼儿边听边跟着老师念语言节奏

——幼儿园像什么？我们是一家人，就应该相亲相爱，老师爱宝宝，宝宝爱谁？在
幼儿园老师像谁？

小结：在幼儿园我们就像是一家人，老师是你们的妈妈，你们都是老师的宝贝，都
是我的好孩子。在幼儿园里，无论你们碰到什么事情，高兴的不高兴的都可以告诉老
师，老师会帮助你们。

（2）幼儿听着音乐一边拍手一边感受节奏

——老师再唱一遍，请小朋友用小手帮我拍节奏。

三、幼儿轻声跟老师唱歌

——你们觉得这首歌好不好听啊？想不想和老师一起唱唱看？

结束语："小朋友唱得真棒，连老师都感动了，老师叫你们好娃娃，你们说老师是好
妈妈，你们喜不喜欢老师呀？"

★ 附歌词：幼儿园是我的家，老师爱我，我爱她，老师夸我好宝宝，我说老师像妈妈。

活动三：谢谢您亲爱的老师

活动目标

李老师下学期要去生宝宝了，通过小小的送别会，让孩子感受到老师像妈妈一样
的爱，激发幼儿爱老师、感谢老师的情感。

活动准备

经验准备：创设轻松、温馨的心理氛围，拉近老师与孩子之间的距离。

物质准备：PPT、亲子制作卡片并写上祝福语。

活动过程

一、欣赏 PPT，共同回忆与李老师相处的美好时光，体会李老师对孩子们的关心与爱护

——照片里是谁啊？

——你们在做什么啊？你们开心吗？你们喜欢李老师吗？

——喜欢李老师我们可以怎么做？（抱一抱、亲一亲、说一句甜甜的话……）

二、说出对李老师的爱

1. 将自己用纸做的卡片送给老师，并给老师送上祝福的话。

——请你把你的爱心卡片送给李老师，给李老师送上一句甜甜的话或者甜甜的拥抱。

2. 为李老师送上准备好的节目《老师像妈妈》。

三、老师也爱你

请李老师给小朋友说说悄悄话，表达对孩子的不舍。

★ 附活动照片

图 6-37　谢谢老师

图 6-38　老师也爱你

活 动 分 析 与 反 思

系列活动亮点及影响因素

　　小班的孩子语言表达有限，记忆比较短暂，这次活动通过照片、录像的形式帮助幼儿回忆、梳理老师的工作，让孩子感受老师对大家的爱，同时通过动作、唱唱跳跳的形式表达对老师的爱，而不是仅仅局限于语言表达，让很多不善于表达的孩子也参与到活动中。同时借李老师下学期要去生孩子这个教育契机，举行了小小的告别会，让孩

子对感恩有了进一步的理解。

活动有待调整及影响因素

了解老师、爱老师、感恩老师并非一次活动能够达成，感情需要积累，同时也需要家长的引导和配合，培养孩子有一颗感恩的心。

调整后的建议

我们可以邀请家长参加，让家长表达对老师的感谢与爱，这也是一个很好的示范。

绚丽彩扇（中班）

设计：姚雨齐　赵刘珊

◎ 选材中所体现中华传统文化的核心价值

在源远流长的岁月中，小小的扇子除日用外，还孕育着中华文化艺术的智慧，小至花鸟画中的野草闲花、昆虫禽鱼，都运以精心，出以妙笔。六月，我们结合中班主题《火辣辣的夏天》以及小朋友对各种各样的扇子产生了浓厚的兴趣将这一内容进行了拓展，与幼儿园"书香"特色课程相结合，《绚丽彩扇》，主题孕育而生。

◎ 选材发展幼儿的核心经验

语言领域：幼儿在亲子创作的过程中，发展创意书写的经验，在交流分享的过程中发展说明讲述的经验，这都是语言领域的核心经验。

艺术领域：中国画门类中，历代书画家喜欢在扇面上绘画或书写以抒情达意，或为他人收藏或赠友人以诗留念。亲子扇面画的制作引导幼儿用多种工具、材料或不同的表现手法表达自己的感受和想象。

◎ 本年龄段的相关年龄特点分析

中班年龄段幼儿在艺术方面年龄特点：认识、选择各种美术材料和工具，并能大胆地利用这些材料和工具进行创作；能恰当地利用不同的美工材料进行小制作，大胆进行艺术和生活表现，能敏感地观察到周围环境的线条、颜色、形状等，能感知自然环境的美；通过各种与线条、颜色相关的制作活动，感受艺术创作的乐趣，发展初步的艺术表现能力。

活动总目标

1. 在家长的帮助下，能用各种绘画工具在扇面上创作主题绘画。
2. 能够较完整地讲述自己作画的方式及扇中诗词的内涵，欣赏扇面中的艺术美。

活动的设计

活动一：认识扇子

活动目标

    1. 观察各种扇子的形状、色彩以及材料，了解其特征及用途。

    2. 通过收集和观察欣赏，能够较完整地讲述扇子的主要特征及用途。

活动准备

    各种各样的扇子、展览区。

活动过程

    一、通过猜谜活动，引出讲述主题

    1. 教师念谜语：有风它不动，一动就有风，你要它不动，等到起秋风。

    2. 请幼儿猜谜，引出扇子。

    二、幼儿观察自己带来的扇子

    1. 教师引导观察。

    ——这是什么？它是什么形状的？

    ——它是用什么材料做成的？

    ——它是由哪几部分组成的？（扇面、扇把）

    ——如何使用你的扇子？

    ——扇子有什么用处？

    小结：扇子是引风用品，夏令必备之物。是一种用竹木或象牙做扇骨、韧纸或绫绢做扇面，能折叠的物品。用时须打开，成半圆形。中国传统扇文化有着深厚的文化底蕴，是中华民族文化的一个部分。

    2. 自主地进行交流。

    在集体面前介绍自己带来的扇子。提醒幼儿安静地倾听别人讲述。

    三、教师出示一把折扇，启发幼儿仔细观察

    ——你们还见过什么样子的扇子？折扇是什么形状的呢？

    ——折扇是什么构造的呢？

    ——它主要用到了什么材料？

    ——你见过的折扇上画的是什么图案？

    ——折扇除了可以扇风还有什么用途？

    小结：扇子的种类包括羽毛扇、蒲扇、雉扇、团扇、折扇等，它们有不同的形状，用不同的材料制作，以前人们用扇子纳凉，后来文人墨客喜欢在扇面上绘画或书写以抒情达意，或为他人收藏或赠友人以诗留念。

    四、老师与幼儿共同将自己带来的扇子布置成美丽的展览角。让幼儿在展区内欣赏各种不同的扇子，还可以请几位幼儿讲讲喜欢的扇子。老师注意引导运用已有的讲述经验进行讲述。

活动二：扇面创作

活动目标

在家长的帮助下，能用各种绘画工具在扇面上创作主题绘画。

活动准备

扇子画欣赏、空白扇面、布展区、通知等。

活动过程

一、认识扇面

——看一看、说一说扇子的组成和材质。

二、构思作品

——本学期我们欣赏了很多的古诗，也了解了古诗背后的意思。这次要请小朋友们在扇面上画古诗。

——你最喜欢哪首诗？

——你想在扇面上画什么？

小结：孩子们都很认真，画的扇面一把比一把美，有柳暗花明又一村的风景画，有小荷才露尖尖角的花鸟画，真让人赏心悦目。

三、家园互动——画扇面

微信通知：在主题"火辣辣的夏天"里，我们小朋友了解了一些关于夏天的物品。今天发的折扇请小朋友和爸爸妈妈一起合作，要求是①钢笔或者水笔写上一首诗，配上与诗有关的画（可以是上次小朋友画的诗画、也可以是新的）②用毛笔和爸爸妈妈一起合作题上四字成语。

★ 附活动照片

图 6-39　扇面创作

活动三：布展、赏析扇面

活动目标

能够较完整地讲述自己作画的方式及扇中诗词的内涵，欣赏扇面中的艺术美。

活动准备

小方桌、蓝印花布、扇架。

活动过程

一、布展

——周末你们和爸爸妈妈一起合作画了很漂亮的扇面画，想不想办一个展览，让大家都欣赏到你们的作品？

——师生共同布展（幼儿自己选地点，找辅助材料）。

二、自由参观

幼儿自由参观，欣赏同伴作品。

三、交流分享

1. 请幼儿向大家介绍：你的扇子画了什么？

2. 你最喜欢谁的作品，为什么？

四、活动延伸

1. 制作邀请函，邀请中班其他小朋友来看我们的展览。

2. 幼儿轮流做展览讲解员，介绍班级的中华扇艺。

★ 附作品照片

图 6-40　幼儿创作的扇面作品

系列活动亮点及影响因素

在幼儿已有的经验和认知水平上，发动家长资源，家校互动，生成了这次的扇面画活动。六月，中班进入主题——火辣辣的夏天，其中有学习活动《夏天避暑办法多》，个别化学习活动《制作扇子》，孩子们了解了扇子的用途，也有了制作纸扇的经验。结合我们幼儿园的书香特色，还有班级特色活动——古诗词欣赏，我们策划了一个系列活动——中华扇艺。系列活动包括师生、家园一起参与的欣赏扇艺、制作纸扇等活动，这一系列活动激发了幼儿的想象、对中华传统艺术美的感知。

活动有待调整及影响因素

本地城市有很多民俗文化资源，可以带孩子走出校园，开阔眼界，把扇艺和布展完善得更好。

调整后的建议

活动中的"扇子舞"可以放在小舞台中，让幼儿在角色游戏中表演；各种材料的扇子收集好以后可以投放于个别化游戏中，让幼儿表演；制作扇子的材料可以投放于区角让幼儿自由活动时创作。

一鼓作气（中班）

设计：戴莹

◎ **选材中所体现中华传统文化的核心价值**

"鼓"是精神与力量的象征。在中国传统文化中，鼓是不可或缺的重要元素。在"鼓"所体现的传统文化中，我们既可以通过"鼓"来了解战争典故、历史遗迹，也可以通过"鼓"来闻音识曲，以"鼓"来探索蕴藏其中的博大的中华传统文化精神和艺术价值。

◎ **选材发展幼儿的核心经验**

艺术领域："鼓"是一种民族民俗乐器，它能敲打出激荡高昂的节奏，能够引发幼儿对传统文化乐器的兴趣。鼓与舞相结合的乐舞形式，产生节奏感强的艺术创作活动。

语言领域：在中华典故中，与"鼓"有关的成语、故事很多，如"一鼓作气"、"对牛鼓簧"、"伯牙善鼓琴"等，适合中大班的幼儿去探索、了解。

社会领域：了解"鼓舞"相关内容，激励幼儿团结奋进的精神力量。

◎ **本年龄段的相关年龄特点分析**

中班幼儿艺术感知能力和探索能力有了一定发展，在艺术活动中对乐器的探求欲望增强,节奏感和欣赏表达能力也有了一定发展。敲一敲鼓,尝试打打节奏,符合幼儿在节奏乐中进行艺术探索的需要。而中班幼儿喜爱赞扬,心态积极,能够在鼓乐活动或与此相关的典故中获得激励。中班幼儿的小肌肉动作有了一定发展,他们喜欢手工活动,可以在尝试自制小鼓的过程中感受鼓的制式与特点,对更多的中华传统乐器或事物产生兴趣。

活动总目标

1. 了解"鼓"的成语与制式,聆听鼓的声间,探索鼓的节奏,感受鼓声带来的激励感。

2. 与同伴共同演奏,表现传统鼓乐欢庆鼓舞的氛围。

- -

活动的设计

活动一:一鼓作气

活动目标

1. 了解成语《一鼓作气》的来历,感受古代将士杀敌时勇敢果决的气概。

2. 探索攀爬竞争运动,在鼓声激励下克服困难完成任务,培养勇敢品质。

活动准备

经验准备:幼儿有过攀爬平衡运动经验。

物质准备:大型攀爬组合、平衡玩具、钻爬筐、背篓、小鼓、口哨。

活动过程

一、准备活动

1. 热身运动,抬腿、弯腰、拉踝、原地快速跑。

2. 尝试体验攀爬架,描述一下感受。

小结:刚刚你们试过了这个新的攀爬架,有的小朋友说在平衡桥上走有点紧张,有的小朋友说在高梯上爬的时候不太会转,有没有勇敢的孩子愿意给大家来个示范。

邀请在观察中表现比较勇敢的幼儿给大家示范,在爬梯上转身动作时,教师配合幼儿动作进行讲解。

3. 鼓励幼儿再次体验一下,注意调整幼儿的转身动作。

二、用成语故事激励,引出运动目标

1. 提出运动目标,观察幼儿的情绪。讲成语故事,了解《一鼓作气》的来历。

——今天我们的任务要钻过钻爬网、翻过攀爬架、走过平衡桥,把萝卜送给森林里的小动物,你们能完成这个任务吗?

——在运动前,老师给大家讲个故事《一鼓作气》。

小结:鼓励幼儿说说听了故事的感受,并激励幼儿,古代的将士们在鼓的激励下变得更勇敢，老师也为你们敲响小鼓，看看你们能不能翻过攀爬架，到达终点。

2. 邀请小组示范，教师敲响小鼓，同伴为其加油。

3. 幼儿合作竞争，在鼓声中完成探索目标。

三、讨论游戏中的情绪，讲讲自己的收获

1. 幼儿讲讲自己在运动中的收获。

2. 在鼓声中大家合作收拾整理场地，放松休息。

★ 附故事内容：《一鼓作气》

在古代，有一次齐国来打鲁国，齐国是个大国，敌人来势汹汹，鲁国很小，士兵明显不足，大家都很担心。有个叫曹刿的人说："不要怕，听我的指挥。"开始打仗了，齐国的大鼓敲起来，咚咚咚，曹刿不理睬；齐国的鼓又敲起来了，咚咚咚咚咚，曹刿还是不动不摇；齐国的鼓第三次敲起来了，曹刿还是不理他们。齐国人很纳闷，这鲁国怎么回事，我都敲了三遍鼓了，他们怎么还不出来应战，这时候，鲁国的士兵也等得很着急，他们都听曹刿的指挥，全都在跃跃欲试，就等着一声令下上战场呢！就在这时，曹刿命人敲响了大鼓，哗——咚咚咚，鼓声震天，太响啦，鲁国的战士勇敢地冲上前去，把齐国的敌人吓了一跳，敌人打仗时明显手上没力气，被鲁国的战士三下两下就打败了。后来，人们就问曹刿为什么这一仗强大的齐国会被我们鲁国打败。曹刿说：一鼓作气，二鼓竭，三鼓衰，齐国敲了三次鼓，他们的兵没有士气了，我们这个时候敲响我们的鼓，士兵们会受到极大的鼓舞，杀敌的气概全被激发了，所以我们能打赢。

活动二：做手铃鼓

活动目标

1. 愿意探索鼓，知道中国鼓的几种制式。

2. 尝试自制小手鼓，在手工活动中感受民族民俗的趣味。

活动准备

经验准备：幼儿喜欢自制手工活动，会相关材料的使用方法。

物质准备：纸盘、彩带、细小玩具粒、彩笔、红色手工纸、剪刀、胶棒；订书机（教师使用）。

活动过程

一、导入

欣赏几种鼓的制式，引导幼儿对鼓乐器发生兴趣。

——这是什么乐器？有什么特别的地方？它们有什么本领？

——出示几种常见的鼓，鼓励幼儿敲一敲，玩一玩。

小结：刚刚我们玩了很多鼓，有大鼓、小鼓、腰鼓、手铃鼓，这些都是我们演奏乐器时常用的打击乐器。大鼓是中国很传统的乐器，最早的时候是战场上用的，激昂的鼓声传出来,可以激励士兵上场杀敌,鼓舞士气;在古代的狩猎活动中,敲响激烈的鼓声,可以吓跑凶猛的野兽;古代的人相信天上有神仙,因此他们经常举行祭祀,为了让天上的神仙能够听到他们的愿望;人们还发现,敲打小鼓快快慢慢,很有节奏感,会让人不由自主地手舞足蹈,所以也会用鼓来伴舞。

二、引导幼儿探索自制手铃鼓

1. 出示几种自制鼓,引导幼儿探索。

——刚刚你们看到的都是成品的鼓,都是买过来的,你们看,老师这里也有几种鼓,它们有什么特别的地方?

——这些鼓都是用废旧材料制成的?

小结:大鼓用奶粉筒和气球制成,小鼓用圆柱塑料瓶装饰而成,手铃鼓用纸盘子做成的。

2. 探索小鼓发声的原理。

——这些自制小鼓为什么会发出声音? 从哪里发出声音?

小结:手铃鼓里面藏了细小的东西,摇一摇,会发出"哗哗啦"的声音,像手铃鼓摇出的声响,还需要哪些材料? 你们在活动室找一找。

三、操作

幼儿制作手铃鼓,尝试跟同伴合作装饰。

1. 先找好合作同伴,一人一个纸盘,两人商量分工。

2. 引导幼儿按照自己的意愿装饰,并与同伴合作商量怎么把两片纸盘放在一起,需要教师帮助的主动提出想法。

3. 最后鼓励幼儿选择喜爱的彩带颜色装饰。教师帮助幼儿把彩带固定好。

四、表现

鼓励幼儿拿着自制的手鼓玩一玩。可以一个人拍,一个人跳舞;还可以找更多的同伴一起表演。鼓励幼儿利用自由活动时间,再制作一个手铃鼓,或者也可以用其它材料做小鼓,这样每个人都有自制鼓。鼓励幼儿跟着音乐跳一跳,玩一玩。

★ 附活动照片

图 6-41 自制手铃鼓

活动三：鼓庆

活动目标

1. 聆听鼓的声间，尝试探索节奏，感受鼓声带来的激励感。

2. 与同伴共同演奏，表现传统鼓乐欢庆鼓舞的氛围。

活动准备

经验准备：幼儿打击乐艺术活动的经验。

物质准备：大鼓、小鼓、铃鼓、自制鼓；《安塞腰鼓》视频、图片；乐曲：《欢庆锣鼓》。

活动过程

一、导入

欣赏"安塞腰鼓"视频，感受传统民俗鼓舞热情激烈的氛围。

——看完这个舞蹈你们有什么感受？

小结：刚刚你们看到的是中国陕西的"安塞腰鼓"。"安塞腰鼓"是陕西这个地方的传统民俗舞蹈，很早以前就开始了，一场腰鼓表演，可以由几人或上千人一同进行，气势磅礴，让人看了感觉特别激情有力，干什么事都特别带劲，"安塞腰鼓"也被称为天下第一鼓。

——你们猜猜安塞人为什么喜欢敲腰鼓？

讨论：引导幼儿围绕鼓声鼓舞带给人的情绪进行讨论，在幼儿讨论后，教师出示古代战场和祭祀的图片，引导幼儿发现鼓的作用。

小结：鼓在古代有非常重要的作用。在战场上，激励的鼓场可以鼓舞士兵杀敌；在庄稼成熟的季节或重大节日活动，人们通过高昂激烈的鼓场向上苍传达他们的愿望，希望能获得丰收，过上好日子。鼓声越激烈，表达的情绪越热情。

二、探索

引导幼儿讨论鼓声的特征，尝试探索敲打乐鼓。

——你们觉得刚才听到的鼓声有什么特别值得我们学习的地方？（引导幼儿发现鼓声整齐的节奏，鼓励幼儿学着敲一敲。）

——有什么办法可以让我们敲整齐一点？

小结：可以让幼儿回看视频中领头打鼓的人，引导幼儿找一个领头人来打节奏，其他幼儿跟好节奏。（此处教师可以先做领头人，带领幼儿打节奏，幼儿熟悉这种方式后，由幼儿来做领头人。）

三、练习

引导幼儿跟着音乐尝试敲打出乐曲的节奏。

1. 一起聆听民乐《欢庆锣鼓》，感受乐曲的节奏。鼓励幼儿说说听完乐曲的感受。

2. 鼓励幼儿和领头人配合尝试跟着乐曲敲打小鼓。鼓励幼儿多次练习，引导幼儿随着自己敲打出的激烈的鼓声,大声地喊出"嗨!哈!"等愉快的节奏音。

四、表达表现

鼓励幼儿带着小鼓去展示自己刚学到的本领。

1. 引导幼儿回味自己敲打小鼓时的情绪,鼓励幼儿表达积极的态度。

小结:听完刚演奏的鼓乐,大家心里都特别开心,喜洋洋,也很有力量,觉得学什么本领都有劲,你们想把这么有力量有激情的表演给更多的人欣赏吗?

2. 鼓励幼儿走访其他班级,为邻班同伴表演鼓乐《欢庆锣鼓》。

★ 附活动照片

图6-42　鼓乐表演

--- 活 动 分 析 与 反 思 ---

系列活动亮点及影响因素

本活动挖掘了民族文化中颇具代表性的事物"鼓"进行拓展性教学,展示其文化、艺术价值,有认识各种鼓器,有欣赏腰舞表演,有感受民俗音乐,还鼓励幼儿动手自制鼓,充分挖掘了多种教育元素,对幼儿进行有效的教育引导。"鼓"系列活动给书香文化活动增添了更多欢乐积极的愉快氛围,并在愉悦欢乐的情境里获得一些激励的暗示,很大程度上对幼儿的成长有鼓励作用,如听《一鼓作气》的成语故事,感受古代将士们勇敢果决的气概,并将这种情绪应用在幼儿的体育活动中;欣赏"安塞腰鼓"的鼓庆,感受劳动人民为庆祝丰年欢庆的情绪等,这些都对幼儿的情绪培养起到良好的作用,鼓励幼儿不怕困难,一鼓作气,乐观积极,对美好事物充满信心等。因此,"鼓"系列活动不仅是"书香"活动中较为优秀的文化艺术传统活动,更是培养幼儿良好情绪、发展个性、形成积极健康人生态度的优秀案例。

活动有待调整及影响因素

在活动教学中,设计者更希望有充分的素材可以提供给幼儿充分探索,比如提供更多品种、数量的鼓乐器供给幼儿探索,或者有诸如与"鼓"有关的文化博物馆让幼儿在其中了解更多的历史文化背景,如果这种资源都能得到充分地利用和开发,对幼儿的启迪必将有更多的教育价值。

在手工活动中,由于时间、材料的局限,幼儿的自制活动仅是纸盘制作的"手铃鼓"及塑料罐、气球制作的"小鼓",可以尝试提供更多的、更有趣的材料让幼儿来设计制作,满足幼儿探索的需要。

调整后的建议

1. 进一步挖掘更多的文化资源,充分满足幼儿学习的兴趣。
2. 收集更多的废旧材料,鼓励幼儿自由探索。
3. 合理开发资源,尽可能给幼儿提供鼓器,鼓励幼儿探索、发现、表达。

诚实守信(大班)

设计:沈蕾

◎ **选材中所体现中华传统文化的核心价值**

选取了绘本《一诺千金》、《立木为信》,体现了讲诚实、守信用是中华民族传统的美德。动画《狼来了》是一个寓言故事,是民间口口相传下来的,故事虽然简单,但富有教育意义,教育孩子要诚实,不要撒谎。

◎ **选材发展幼儿的核心经验**

语言领域:在倾听和观察的同时鼓励幼儿大胆表达表现。

社会领域:在与他人交往中学习如何与人友好相处,也学习如何看待自己、对待他人,遵守基本的行为规范,发展适应社会生活的能力。

◎ **本年龄段的相关年龄特点分析**

中班幼儿的年龄特点是:

1. 能结合情境感受到不同语气、语调所表达的不同意思。能随着活动的展开产生喜悦、担忧等相应的情绪反应,体会活动所表达的情绪情感。

2. 喜欢和同伴分享,在发生冲突的情况下,愿意接受老师或同伴的建议。

1. 了解诚信故事,初步感知诚信的内涵,知道诚信在待人处世中的重要性。
2. 理解"说到做到"的含义,愿意做诚实守信的人。

活动的设计

活动一：绘本《立木为信》

活动目标

1. 欣赏绘本《立木为信》,大胆表达自己的想法。
2. 初步理解故事情节,体会诚信的重要。

活动准备

物质准备：PPT《立木为信》、绘本。

经验准备：绘本阅读的经验。

活动过程

一、出示 PPT,引发兴趣

——今天老师给小朋友带来了本书,看看这上面有什么？ 他们在干什么？

小结：看来今天的故事是关于中国古人的,他的名字叫"商鞅",这可是一件真实的事情哦,我们一起看一看。

二、分段欣赏,共同讲述(欣赏 PPT)

——商鞅在北面的城门口放了什么？ 你听到商鞅说了些什么？

——城里的人们听了商鞅的话,你觉得他们相信么？ 为什么？

——没有人敢去扛木头,商鞅又做了什么？

——你们看看图中的这个小伙子在干什么？ 接下来会发生什么事情呢？

——经过了这件事情,你们相信商鞅的话么？

小结：城里的人们原本都不相信商鞅,担心是在和大家开玩笑,欺骗大家。但当看到商鞅说到做到后,大家改变了看法,并且以后每当商鞅有事情宣布,大家都愿意去做,因为商鞅是个讲诚信的人。

三、完整欣赏,讨论思考

1. 教师出示绘本,边看图边完整讲述

2. 讨论：你遇到过说话不算数的情况么？ 那时你是怎么想的？ 那你以后还愿意和他做朋友么？ 为什么？

小结：所以我们要做个有信用的人,答应别人的事情就要努力去做到,这样大家都愿意相信你,喜欢和你做朋友。

图6-43 《立木为信》绘本分享

活动二：绘本表演《狼来了》

活动目标

1. 让幼儿能按照故事情节分角色表演,突出表现角色的特征。

2. 体验故事表演的乐趣,知道要做个诚实的孩子。

活动准备

物质准备:动画片《狼来了》的 VCD、角色头饰。

经验准备:熟悉故事《狼来了》,有故事表演经验。

活动过程

一、引发兴趣

——你们还记得上次老师跟你们讲的《狼来了》的故事么?谁来说说看故事里有谁?发生了什么事?

小结:小男孩两次欺骗村民说"狼来了",等到了第三次真的狼来了,也没有人愿意来救他。

二、引导幼儿回忆故事中的对白,抓住各角色的特征

——牧童在干吗?狼的动作是怎么样的?谁来模仿一下?

——牧童在做什么?为什么村民跑过来,又走了?谁来扮演村民,和牧童一起合作表演?

——牧童是怎么说的?你们觉得牧童会有什么样的表情和动作呢?

——这一次村民是怎么说怎么做的?请你学学看。

小结:在幼儿表演过程中,教师予以表情、动作的提升,鼓励幼儿大胆用语言和肢体表现,帮助幼儿尝试合作表现出牧童、狼和村民间的关系。

三、教师帮助幼儿分配角色、尝试表演

重点指导幼儿运用表情和动作表演。提醒幼儿当孩子第三次喊"狼来了"的时候,

注意村民不同的表情和动作，如第一次的着急、第二次的气愤、第三次的不屑一顾，以及说谎的孩子无助的焦急。

总结：我们都不喜欢说谎的孩子。我们在日常生活中不说谎，做错了事情要勇于承认。

四、全班分享活动

让每个孩子参与其中，布置舞台，准备道具，进行分组表演。让幼儿体会每个角色，教师进行点评和总结。

★ 附活动照片

图6-44　角色表演1　　　　　　　图6-45　角色表演2

活动三：主题讨论"做个讲诚信的好孩子"

活动目标

1. 结合生活中案例的照片或是录像，共同讨论诚信话题。

2. 知道在生活中做个诚实、勇敢、守信用的孩子。

活动准备

物质准备：生活中案例的照片或是录像。

经验准备：分析讨论的能力。

活动过程

一、案例讨论

1. 当小朋友送出礼物后，又问别人把礼物要回来。

——这样做对么？朋友心里会有怎样的感受？我们可以怎么做？

小结：送给别人的礼物再要回来，朋友会很伤心。所以在送之前要想清楚，确定了才能送给朋友哦！

2. 答应的事情，但是第二天忘记了，没有做到。

——你遇到过这样的情况么？你会怎么想？你觉得应该怎样做？

小结：答应别人的事情就一定要做到，如果忘记了，可以提醒朋友，能够及时完成。

3. 老师布置的小任务回到家里觉得太难了，不想做了。

——录像中的小朋友这样做对么？为什么？

小结：遇到困难不要放弃，可以请家长帮忙，老师帮忙，但答应的事情一定要尽可能地去做到。

4. 看到小朋友里抽屉里面有好玩的玩具就带回了家。

——能把别人的东西带回家吗？或者捡到东西该怎么办呀？

小结：不是自己的东西不能拿，捡到的东西交给老师或家长，共同帮助找回物品的主人。

5. 自己不小心做错事情了。

——这时我们应该该怎么办？

小结：主动承认错误，勇于承担责任，及时改正。

二、争做诚信好孩子

每日放学前开展"星星榜"评选活动，说说自己和朋友交往过程发生的事，自己是怎么做的，共同评选"诚信好孩子"，奖励五角星。

★ 附活动照片

图 6-46　争做诚信好孩子

图 6-47　案例讨论

活动分析与反思

系列活动亮点及影响因素

活动一：绘本欣赏

利用中国诚信的经典故事绘本，开展绘本欣赏活动，便于幼儿观察和理解，激发了孩子的兴趣。而且在图书漂流活动中把这些绘本也带回家，让孩子们能够和父母亲子阅读,共同讨论诚信的话题。

活动二：故事表演

故事表演是孩子们非常喜欢的一种活动形式,孩子们通过头饰能够清晰地表现出自己的角色,并且通过动作和语言,来展现故事的情节,培养了孩子的表现能力,同时也让孩子们更深入地理解诚信的含义。

活动三：案例讨论

"诚信"最终还是要落实到孩子们的生活中,对于中班孩子来说,经常会出现一些关于诚信的问题,这些案例拿来讨论分析,帮助孩子们真正地了解到自己的行为,怎么样的行为才是正确的。

活动有待调整及影响因素

幼儿诚信教育"起点要低、内容要实、针对性要强、循序渐进"。"诚信"是社会交往中非常重要的社会性品质。幼儿的社会性主要是在日常生活和游戏中通过观察和模仿潜移默化地发展起来的,成人应注重自己的榜样作用,老师和家长也要以身作则说到做到。同时,教育方法上要在传统的教学素材上勇于实践,敢于创新,以增强对幼儿诚信教育的主动性、针对性和实践性,避免简单生硬的说教。

调整后的建议

通过教育活动,孩子们懂得了：生活由点点滴滴的小事构成,诚信做人就体现在一点一滴的小事之中。诚信教育活动也让孩子们明白了只有讲诚信才能拥有真诚的朋友和美好的未来。同时这个话题也引发了家长们对诚信的思考,后续可以再开展一些亲子活动,或者是积极的案例收集分享,更有利于培养孩子这种积极的道德情感。

饺子（大班）

设计：姚雨齐　傅丽娜

◎ **选材中所体现中华传统文化的核心价值**

在 24 节气中,大多数人都知道冬至要吃饺子,实际上,除了冬至还有两个节气也有吃饺子的习俗,就是小暑和立冬。小暑正值夏季,天气炎热身体耗能大,食欲不佳,于是人们吃饺子来促进食欲。立冬是秋冬交替的节气,大家会吃饺子迎冬。饺子无疑是中国富有传统文化的食物之一。

◎ **选材发展幼儿的核心经验**

1. 饺子是中国的传统特色食品,深受大家的喜爱。所以饺子也是一种年节食品。

2. 传承中华传统美食,不同地区都有节气吃饺子的习俗,饺子寓意着喜庆团圆、吉祥如意。

3. 饺子营养丰富全面,还可以把孩子不那么爱吃的食物剁碎包进饺子里,一般孩子都会接受和喜爱。

◎ **本年龄段的相关年龄特点分析**

生活领域:人的身体各种营养都需要,所以小朋友们不应该挑食。

社会领域:大班幼儿动手能力提高,精细动作得到发展,可以尝试自己动手包饺子。

活动总目标

1. 通过包饺子活动弘扬中国传统文化,营造节日氛围,让孩子感受自己动手带来的快乐。

2. 包饺子活动的开展促进家园有效合作。

活动的设计

活动一:绘本《饺子和汤圆》

活动目标

1. 能够仔细观察绘本图画,发现饺子和汤圆的异同。

2. 体会饺子和汤圆之间的关系,初步感知中国传统食物背后的家文化。

活动准备

物质准备:汤圆和饺子的 ppt。

经验准备:有吃过汤圆和饺子的经验。

活动过程

一、引导语

——你们知道中国有哪些食物和传统节日有关吗?

——今天我们要认识的就是来自北方的饺子和南方的汤圆两位朋友,让我们去绘本中了解它们吧!

小结:在节日里我们会吃许多中国特有的美食,如粽子、汤圆、饺子等,这些食物也有很多特殊的含义。

二、观察共读绘本

——绘本的书名就是《饺子和汤圆》,一般来说绘本的封面上会有主角的身影,可是现在的封面上只有一个冒着热气的碗,你们觉得饺子和汤圆它们去哪了呢?

——看看这些可爱的汤圆和饺子在做什么吧?

——这两位朋友特别喜欢玩,不过它们玩的方式有所不同,我们吃饺子用的是什么工具呢?(筷子)你们看饺子在做什么?

——汤圆和饺子有什么不一样?除了它们的皮肤不一样,它们穿的衣服也不一样,你看,你能从图片上分出哪个是汤圆,哪个是饺子吗?

——它们的外形上有那么多区别,其实啊,它们喜欢吃的也不一样,你们知道饺子和汤圆分别爱吃什么东西吗?

小结:在春节的时候我们都会吃饺子,特别是除夕的晚上,老师告诉大家,饺子又叫做"交子",代表着"交岁",意味着新的一年就要来临。春节我们会放鞭炮,所以你看,我们的饺子正在舞台上和鞭炮一起一展歌喉呢。

★ 延伸活动

1. 饺子和汤圆去睡觉了,在睡觉前还告诉了老师一个小秘密,其实中国的很多节日美食都有一份特别的寓意在里面,我们一起来看看这一小段视频吧。出示《舌尖上的中国》中关于中国主食的节选视频。

2. 其实我们中国还有很多很好吃的美食,如油条、粽子、面条等等,你能不能自己动手画一画它们之间可能发生什么事情呢。请续编关于食物的故事。

活动二:我的饺子馅

活动目标

1. 用图文并茂的方式,记录自己吃过的和喜爱的饺子馅。

2. 发挥想象创造力,记录自己想吃的饺子馅。

活动准备

物质准备:我的饺子馅记录表。

经验准备:吃过饺子的经验。

活动过程

一、导入

——聊一聊你们吃过什么馅儿的饺子,味道如何?

二、观察记录表

1. 为什么要写调查记录表?

小结:每个人喜欢的饺子馅不同,记录下来可以分享交流。我们将评选出最受欢迎的饺子馅,在班级里包一次饺子。

2. 幼儿观察记录表,了解空格里需要填写的内容。

3. 不会写的字怎么办?用画画的方式记录。

三、交流评选

1. 交流分享自己最喜欢吃的饺子馅。

2. 评选出最受欢迎的两种饺子馅。

3. 评选出一种创意饺子馅。

★ 附活动记录表

学号：	姓名：
我 的 馅	
我最 ❤ 的 馅	
我的创意 馅	

活动三：有趣的五彩饺子皮

活动目标

1. 在观察 ppt 的基础上，了解饺子皮的多种颜色。

2. 爱上吃水饺，做个不挑食的好宝宝。

活动准备

物质准备：ppt、彩色面团。

活动过程

一、导入

1. 回顾故事内容《吃饺子咯》。

——我们中国人什么时候吃饺子？

——你们都吃过什么馅儿的饺子？

小结：饺子是我们中国最传统的美食，我们可以在饺子皮里包各种各样的馅儿料。

2. 介绍包饺子材料

擀面杖：把圆圆的面团擀成薄薄的、圆形的饺子皮。

饺子馅：根据孩子们的调查表，评选出的最受欢迎的饺子馅"韭菜鸡蛋馅和白菜猪肉馅"，创意饺子馅"红豆沙和水果软糖馅儿"。

饺子皮：彩色饺子皮的由来：橘色的是用南瓜制作的，绿色的皮是加入了菠菜汁，黑色的最有趣使用了墨鱼汁，红色的是添加了火龙果。

小结：原来彩色的面团里加入了很多可以食用的材料，是天然的颜色，这样既健康又美观。

二、包饺子咯

1. 穿戴好围裙和厨师帽

2. 擀饺子皮

3. 亲子进行操作尝试

提示：

（1）家长尽量放手让孩子们自己包。

（2）饺子皮用擀面杖擀好，然后舀一勺馅儿在饺子皮中间，接着把饺子皮对折，最后一点点把它们的小嘴巴捏起来。

（3）帮助孩子一起用擀面杖擀饺子皮，引导幼儿将饺子摆放整齐。

★ 延伸活动

1. 回去和家人一起分享品尝饺子。

2. 和家人一起聊一聊饺子的来历和民俗。

★ 附：吃饺子的习俗

饺子是中国的传统特色食品，深受大家的喜爱。它是一种北方主食和地方小吃，有一句民谣叫"大寒小寒，吃饺子过年"。所以饺子也是一种年节食品。

饺子是我国古代的一位医圣张仲景发明的，距今已有一千八百多年的历史了。相传东汉末年，医圣张仲景曾任长沙太守，后告老还乡，正巧赶上冬至，他见到很多穷苦百姓饥寒交迫，耳朵都冻伤了。他心里非常难过，决定要救治他们。于是他寻来一些温补的药材和食物，用面皮包成耳朵的形状，并让弟子搭起棚，架起大锅煮，待煮熟之后分发给挨饿受冻的百姓们，百姓吃了之后浑身发热、血液流畅、两耳变暖，既抵御了寒冷，又治好了耳朵。从此大家就模仿制作，因为它的形状像耳朵，又能防止耳朵冻伤，所以百姓称其为"饺耳"或"饺子"，后来慢慢演变成过年和大年初一都要吃饺子。为了感激和纪念张仲景，民间吃饺子的习俗就形成了。

图 6-48　包饺子活动

活 动 分 析 与 反 思

系列活动亮点及影响因素

我们将中华传统美食策划成一系列的教育活动,包括前期的饺子馅调查、绘本阅读欣赏、亲子包饺子和延伸活动——和家人品尝分享饺子以及饺子的由来等等。

在活动前期做了饺子馅儿的调查表,同时整个活动的开展离不开家委会的支持,关于绘本的选择,饺子皮、饺子馅儿等等材料的准备,以及活动的流程都通过反复讨论后进行。

活动有待调整及影响因素

由于幼儿园相关规定,不能当场煮自带材料的饺子品尝饺子,少了一些热腾腾的新年氛围。

调整后的建议

活动后的煮饺子活动应该再有延续的记录,可以让爸爸妈妈通过视频照片的方式记录,同时说一说自己包的饺子什么味儿的最好吃,饺子都是怎么分的。在过程中,可以插入一个环节:饺子的大小都一样吗? 怎么包出大小一样的饺子?(家委会带来了电子秤称面团)

请孩子们在家中和家人分享自己制作的饺子,了解家人爱吃的饺子馅分别是什么,饺子有哪些烹饪方法,饺子的来历等等。

祖国大家庭(大班)

设计：朱永娣　景荟新

◎ **选材中所体现中华传统文化的核心价值**

中国是有着 56 个民族的多民族国家,地广物博,幅员辽阔,而尊重各民族是保证祖国统一的必要条件。尊重人民,首先要尊重各民族的文化习俗、风土人情。而方言、民族服装都是文化的一部分。

◎ **选材发展幼儿的核心经验**

不同民族的服饰、方言的初步了解和体验,对孩子的心理发展、语言发展、动作的发展都能起到推波助澜的作用。帮助幼儿认知家乡独特的文化,萌发热爱家乡的情感。

◎ **本年龄段的相关年龄特点分析**

大班幼儿的表现与表达方式越来越多样化,善于通过不同的感官来体验和表达。对于大班孩子来说,虽然对少数民族有了初步的认识,可是在日常生活中,还是少有机会接触到相关内容,我们设计了一系列的活动,通过歌舞、绘画、语言、表演等不同的方式来鼓励幼儿体验中国各民族文化。

活动总目标

1. 初步感知各地服饰、方言的不同,体验各地文化的差异。
2. 萌发爱祖国,爱家乡的情感。

活动的设计

活动一：热情的新疆民族舞蹈

活动目标

1. 学习简单的新疆民族舞蹈动作。
2. 体验民族风情,享受舞蹈的快乐。

活动准备

物质准备：多媒体课件;新疆民族服饰。

活动过程

一、播放新疆民族舞蹈《掀起你的盖头来》视频

——他们跳得好看吗? 你们知道这种舞蹈是哪个民族的特色舞蹈吗?

二、学学跳跳

——老师做了几个动作？你们学会了吗？

小结：刚刚老师做的几个舞蹈动作就是新疆舞里最常见的动作,让我们一起试试!

三、玩玩乐乐

——好看的新疆舞都学会了吗？现在让我们跟着好听的音乐一起唱起来跳起来!

1. 请男孩单膝跪地,手持铃鼓随音乐轻轻敲击,女孩围着男孩跳舞。

2. 请所有的幼儿跟随音乐自由舞蹈。

小结：你们跳得真好! 男孩女孩配合得也很默契! 请大家再和老师说一说这个民族叫什么：维吾尔族! 对啦,希望你们能够记住呦。

★ 附活动照片

图 6-49 《掀起你的盖头来》　　图 6-50 民族舞欣赏

活动二：好看的民族服饰

活动目标

1. 初步了解各民族的服饰。

2. 体会我国是 56 个民族组成的国家。

活动准备

1. 多媒体课件。

2. 若干少数民族代表服饰。

活动过程

一、欣赏歌曲

播放《爱我中华》MV

——视频中不同民族的人们穿的服装一样吗？

——你喜欢哪个民族的服装？为什么。

小结：原来不同民族的服装各不相同，每个民族的服装都有自己的特点。我们来认识一下下面几个民族好吗？

二、认识民族服装

——这个穿着长裙、戴带着腰鼓的民族叫什么？你们见过这样的服装吗？

1. 介绍若干个民族的典型服装。

2. 展示服装实物，让孩子们欣赏。（或到走廊里欣赏各民族服饰展）

小结：民族服装真漂亮！

三、画一画

1. 老师手中的这件民族服装有一个特点，就是颜色鲜艳又丰富。你能用手中的蜡笔把它们画一画吗？

2. 请幼儿展示自己的作品，并尝试说说是哪一个民族的服装。

小结：你们的作品真漂亮！让我们把漂亮的民族服装挂在"祖国一家亲"的主题墙上吧！大家一起欣赏噢！

活动三：迎新童乐会"最炫民族风"

活动目标

1. 了解与家人共同收集的民族服饰特点，观摩各地民族服饰的不同，初步感知各地服饰文化的差异。

2. 体验与家人一起走秀的快乐。

活动准备

1. 事先通知家长：根据主题，准备主题亲子服饰。

2. 物质准备：各种少数民族服装走秀背景音乐，录影资料。

3. 经验准备：观摩走秀视频，在家练习亲子走秀。

活动过程

一、欣赏民族服饰走秀录像

——视频中，模特穿着不同的民族服装，你最喜欢哪一套服装？它属于哪个民族？

——这一套民族服装好看在哪里？

小结：我们祖国大家庭是个多民族的国家，每个民族的服装都有自己的特点。

二、观摩现场民族服装走秀

——今天，我们邀请了家长模特，大家仔细欣赏，看看她们穿的是什么民族的服装？

——模特在舞台上，是怎么表现身上的民族服装的？

小结：民族服装真漂亮！模特在表现民族服装的特点时，要表情自然，走步自信，并可以用相应的身体动作表现服装的特点。

三、亲子走秀活动："最炫民族风"

全体幼儿根据准备的民族服饰，在家长的陪同下走秀，表现民族服装的特点。

★ 附活动照片

图 6-51　走秀活动 1　　　图 6-52　走秀活动 2

活动四：沪语童谣《阿拉都是中国人》

活动目标

1. 理解儿歌的内容，学习用沪语念童谣。

2. 有学说上海话的兴趣，感受不同地域方言的差异，萌发热爱家乡的情感。

活动准备

多媒体课件、小礼物。

活动过程

一、激发兴趣、引入课题

——小朋友们，世界上有许许多多的国家，你们知道自己是哪国人吗？（请生回答）

——这就是中国，中国是世界上人口最多的国家，谁知道中国有多少亿人口呢？

小结：（截止至 2018 年中国已经有 14 亿人口了）在这块土地上生活着 56 个民族，大家汇聚在一起组成了中国，所以呀，我们都是中国人。

二、整体感知、学习儿歌

1. 了解中国有不同地方。

——中国有哪些地方，你们知道吗？

——老师这里也有几位小朋友,你们瞧!他们分别来自上海、山东、无锡、广东、新疆、西藏。让我们和他们打打招呼吧!你们好!(出示图片)

2. 了解不同的地方会有不同方言。

——你们知道哪些地方的方言?

——能不能说一两句不同地方的方言?

小结:来自不同地方的孩子们都会说各地的方言,例如上海人都会说上海话;山东人都会说山东话;无锡人会说无锡话;广东人会说广东话。

三、学一学各个地方的方言

1. "我们"就是指大家的意思,这个词上海话怎么说呢?"阿拉阿拉上海人"。

2. "我们"山东话"俺们"、"俺们俺们山东人"。

3. "我们"无锡话"俄尼"、"俄尼俄尼无锡人"。

4. "我们"广东话"偶们"、"偶们偶们广东人"。

5. 这四个小朋友在一块玩耍呢,他们你一句,我一句地念着儿歌。现在和老师一起拍拍小手,连在一起念一念吧!(跟读、个别读、齐读)

6. 我们祖国还生活着许多少数民族,你瞧,新疆小朋友来了。

(1)(出示图片)她身穿的服饰有什么特点呀?

(2)这位穿着长袍的小朋友是哪里人呀?

7. 全国各地的小朋友们汇聚在一起,组成了亲亲热热的一家人。

四、朗诵儿歌、指导念诵

1. 老师范读,小朋友跟读。

2. 全班齐读。

3. 配上快板齐读。

活 动 分 析 与 反 思

系列活动亮点及影响因素

在"祖国大家庭"的主题中,不仅安排了亲子走秀活动,同时安排了具有艺术特质的美术活动和音乐活动,孩子们在走一走、跳一跳、画一画等众多环节中,不仅加深了与家人之间的亲子关系,同时也让所有的幼儿对各民族的风俗人情,尤其是不同民族的服饰有初步的了解和体验,对于孩子心理发展、语言发展、动作能力的发展都起到了推波助澜的作用。

首先,"最炫民族风"系列活动中,通过前期的活动:让孩子们画一画民族服装活动,跳一跳民族舞蹈活动,看一看民族服装的走秀录影活动等等,让孩子对祖国大家庭的炫丽服装有了初步印象,然后通过全体家长的共同配合,与孩子们共同精心准备和装扮,在浓烈而欢乐的现场气氛中,孩子们与自己的家人共同走秀,以最靓丽的姿态展示给所有的现场观众。在这样一个过程中,不仅又一次浏览了各地的服饰,而且在表演过程中,对于每个家庭来说都是一次快乐的体验。

其次,"阿拉都是中国人"沪语教学活动中,为了让每个孩子能感受不同地域方言的差异,初步体验做中国人的自豪感,活动中,不仅邀请了会讲地方方言的老师、幼儿家长,我们还通过录音的方式,让孩子倾听感受了四川、广东、福建、山东、浙江等地的方言。从每一次的聆听中,从孩子们的笑容中,从孩子们咿咿呀呀学说过程中,能充分感受孩子对学说方言的热情和兴趣。

再次,在"阿拉都是中国人"教学中,虽然活动重点是用沪语学念童谣,但是儿歌的内容中也涉及到了民族服饰,正好与最炫民族风衔接,使整个系列活动做到了融会贯通。再一次让孩子们感受"祖国大家庭"的地大物博与历史悠久。

最后,在我们的系列活动中,活动方式以亲子游戏的方式呈现,加深了孩子与家人的亲密关系,同时在这样一个过程中,不仅让孩子对"祖国大家庭"有了更直观的感受,同时也让我们的年轻父母进一步感受了祖国大家庭的温暖和博大精深。

活动有待调整及影响因素

活动中发现,有部分孩子对于理解不同民族的文化还是有一定困难的,因此可以尝试设置不同难度的活动,以及更为形象直观的活动,让所有的幼儿都参与进来。也可以结合幼儿已有的经验(如本身就是少数民族的家庭,或去少数民族聚居区旅行过,或看过少数民族的绘本、电影等),鼓励幼儿之间相互分享和交流。

在"最炫民族风"活动中,少数民族涉及的还比较少,服装的表现力和特点不够;在"阿拉都是中国人"沪语教学中,没有投放更多的辅助材料,影响了活动效果。

调整后的建议

1. 对于任何一种亲子活动,作为教师,需要在活动前做好充分的准备,其中一个就是对家长进行活动意义、活动价值的宣传,尤其是活动的注意事项,要让每一个参与的家长事先具体了解和知晓。只有在每一个家长充分了解了活动意义的基础上,才能让幼儿家长以积极的状态配合和支持活动。活动的质量也就能达到预期的效果。

2. 在让幼儿感受各地方言的同时又能学习这首童谣,可以出示一些具体的代表不同地域的图片或照片,甚至是视频,这样可能会让孩子有更直观的体验。

3. 在活动中发现,孩子们的个体差异比较大,对于民族文化的理解和接受程度也各不相同。由于"祖国一家亲"这个主题比较难,所以如果能够根据幼儿的能力,分层设置不同难度的话效果会更好。

参考文献

［1］才玉杰,韩丽红.浅谈幼儿经典诵读[J].现代教育科学(小学教师),2010(2).

［2］陈思.传统蒙学对当代学前教育的影响研究[J].学园,2015(26).

［3］程香晖,吴航.保持日本人的品质:日本学前教育的文化选择[J].江苏幼儿教育,
2014(1).

［4］华爱华.对我国学前教育改革若干问题的文化观照[J].社会科学,2007(10).

［5］姜勇.学前教育哲学论稿[M].杭州:浙江教育出版社,2011.

［6］李花.在幼儿教育中融入中国传统文化教育[J].艺术教育,2010(12).

［7］罗敏.将传统文化进行到底[J].今日教育(幼教金刊),2014(5).

［8］罗玉珠.浅谈国学经典教育在幼儿园教育中的整合[J].教育实践与研究,2015(31).

［9］缪学超.英国学前教育课程的文化透视[J].湖南科技大学学报(社会科学版),
2014(4).

［10］乔玉琴.传统启蒙读物在幼儿园教育中的应用研究[J].才智,2014(8).

［11］上海市教育委员会.学习活动:上海市学前教育教师参考用书(试用本)[M].上
海:上海教育出版社,2009.

［12］石建宇.国学幼儿园课程体系构建探讨——让国学真正净化孩子的心灵[J].和田
师范专科学校学报,2010,29(5).

［13］孙鸿雁.传统民间游戏与幼儿园课程构建[J].考试周刊,2016(41).

［14］陶雪芹.浅谈中华民族传统文化和幼儿教育的结合[J].中国校外教育,2014(23).

［15］田广林.中国传统文化概论[M].北京:高等教育出版社,1999.

［16］王冰.幼儿园中华文化启蒙教育课程[M].北京:龙门书局,2009.

［17］徐雁.论幼儿园课程改革的文化处境[J].湖南师范大学教育科学学报,2015,14(6).

［18］杨杰.将中华优秀传统文化融入学前教育的必要性与可行性分析[J].人文天下,
2015(20).

［19］于海礁.谈我国学生发展核心素养中的"人文底蕴"——基于非物质文化遗产的
视角[J].中国教育学刊,2017(5).

［20］张斌.基于核心素养的校本课程建设[J].教学与管理(中学版),2018(6).

［21］张伯成,吕力杰."课程体系"概念综述及审思[J].黑龙江高教研究,2018(8).

［22］张小媛.环境创设[M].南京:南京师范大学出版社,2011.

［23］朱家雄.中国的学前教育理应传承与弘扬中华优秀传统文化——学前教育的文
化适宜性问题(四)[J].幼儿教育,2015(13).

致　谢

　　本书是华东师范大学附属幼儿园于 2016 年申报并立项的上海市教育科学研究项目"幼儿园'书香'特色课程的研究"为时三年积极探索的心血之作。此研究不仅是出于对幼儿园发展的考虑，更多的是希望让幼儿、教师和家长共同获得教育的幸福。三年中，课题组成员齐心协力，带动全体教师立足一线教学实践，取得了助力幼儿终身发展的中华传统文化教育在幼儿园有效实施的成果和成效。我们全方位构建"书香"特色课程体系、建设"书香"特色整体环境、创新"书香"课程实施路径，获得了全园师生的共同发展，促进了幼儿园的可持续发展。

　　衷心感谢课题的指导专家——华东师范大学姜勇教授、周念丽教授，从课题的开题到结题都给予了高度指导；还有为本课题研究作出指导的各位教育专家及领导：华东师范大学教育学部党委常务副书记黄瑾、学前系主任张明红、学前系副教授何敏，上海市教科院普通教育研究所学前教育室主任、研究员黄娟娟，普陀区教育学院院长杨杰、普陀区教育学院科研室主任马骏、科研员邱晓云，原华东师范大学教育学部培训部主任施燕，原普陀区教育学院科研室主任祝庆东。是专家们多次的细致点播，给课题提供了宝贵意见，带来新的思考和启发；领导们持续的支持和关注，让我们有信心去大胆探索、勇敢创新。感谢课题组成员，她们是：陆瑾、沈蕾、应慧隽、傅丽娜、陶群文、姚雨齐、戴莹、蒋艺、朱永娣、张金陵、乐益融、杨颖、刘诗忆、景荟新、杨丽坤、呼美琳，同时感谢幼儿园全体教职工对课题的共同协作！感谢我们的朋友幼师口袋和马克先生提供的精彩照片，华东师范大学出版社的大力支持及蒋将老师的精心编辑！

　　由于时间有限，本书目前呈现的幼儿园"书香"特色课程的研究中形成的一些粗浅经验，也许还不十分成熟，敬请广大同仁不吝指正。

　　"路漫漫其修远兮，吾将上下而求索"，我们希望全体教师能以本书为起点，凝心聚力、再续努力。春华秋实，我们将进一步致力于教育改革的实践和创新，同时我们也期待更多同路人，一同开启中华传统文化教育的新篇章！

课题组领衔人　华东师范大学附属幼儿园园长

吴　丹

2019 年 3 月 8 日

致谢

桑梓之歌

——华师附幼"书香"园歌

（桑成菊原创）

桑树梓树之下
小桥流水之家
读诗采药观鱼
童子快乐长大

华师附幼我的家
华师附幼我爱她
华师附幼我的家
华师附幼我爱她

我爱
神气的龙攀爬
草地秋千竹马
春风嬉笑东篱
秋夕追拾落花

桑树梓树之下
小桥流水之家
读诗采药观鱼
童子快乐长大

小小童子长大啦
······